고려대 한국어

고려대학교 한국어센터 편

1A

English Version

KU PRESS
고려대학교 출판문화원

고려대학교 한국어센터는 1986년 설립된 이래 한국어와 한국 문화를 재미있게 배우고 효과적으로 가르치는 방법을 연구해 왔습니다. 《고려대 한국어》와 《고려대 재미있는 한국어》는 한국어센터에서 내놓는 세 번째 교재로 그동안 쌓아 온 연구 및 교수 학습의 성과를 바탕으로 하고 있습니다.

이 책의 가장 큰 특징은 한국어를 처음 접하는 학습자도 쉽게 배워서 바로 사용할 수 있도록 구성했다는 점입니다. 한국어 환경에서 자주 쓰이는 항목을 최우선하여 선정하고 이 항목을 학습자가 교실 밖에서 사용할 수 있도록 연습 기회를 충분히 그리고 다양하게 제공하고 있습니다.

이 책을 내기까지 많은 분들의 도움을 받았습니다. 먼저 지금까지 고려대학교 한국어센터에서 한국어를 공부한 학습자들께 감사드립니다. 쉽고 재미있는 한국어 교수 학습에 대한 학습자들의 다양한 요구가 없었다면 이 책은 나오지 못했을 것입니다. 그리고 한국어 학습자들의 요구에 부응하기 위해 열정적으로 교육과 연구에 헌신하고 계신 고려대학교 한국어센터의 선생님들께도 감사드립니다.

무엇보다 한국어 학습자와 한국어 교원의 요구 그리고 한국어 교수 학습 환경을 종합적으로 고려한 최상의 한국어 교재를 위해 밤낮으로 고민하고 집필에 매진하신 고려대학교 국어국문학과 김정숙 교수님을 비롯한 저자분들께 깊은 감사를 드립니다. 이 밖에도 이 책이 보다 멋진 모습을 갖출 수 있도록 도와주신 고려대학교 출판문화원의 윤인진 원장님과 직원 여러분께도 감사드립니다. 그리고 집필진과 출판문화원의 요구를 수용하여 이 교재에 맵시를 입히고 멋을 더해 주신 랭기지플러스의 편집 및 디자인 전문가, 삽화가의 노고에도 깊은 경의를 표합니다.

부디 이 책이 쉽고 재미있게 한국어를 배우고자 하는 한국어 학습자와 효과적으로 한국어를 가르치고자 하는 한국어 교원 모두에게 도움이 되기를 바랍니다. 또한 앞으로 한국어 교육의 내용과 방향을 선도하는 역할도 아울러 할 수 있게 되기를 희망합니다.

2019년 7월
국제어학원장 박성철

이 책의 특징

《고려대 한국어》와 《고려대 재미있는 한국어》는 '형태를 고려한 과제 중심 접근 방법'에 따라 개발된 교재입니다. 《고려대 한국어》는 언어 항목, 언어 기능, 문화 등이 통합된 교재이고, 《고려대 재미있는 한국어》는 말하기, 듣기, 읽기, 쓰기로 분리된 기능 교재입니다.

《고려대 한국어》 1A와 1B가 100시간 분량, 《고려대 재미있는 한국어》 말하기, 듣기, 읽기, 쓰기가 100시간 분량의 교육 내용을 담고 있습니다. 200시간의 정규 교육 과정에서는 여섯 권의 책을 모두 사용하고, 100시간 정도의 단기 교육 과정이나 해외 대학 등의 한국어 강의에서는 강의의 목적이나 학습자의 요구에 맞는 교재를 선택하여 사용할 수 있습니다.

《고려대 한국어》의 특징

▶ **한국어를 처음 배우는 학습자도 쉽게 배울 수 있습니다.**
- 한국어 표준 교육 과정에 맞춰 성취 수준을 낮췄습니다. 핵심 표현을 정확하고 유창하게 사용하는 것이 목표입니다.
- 제시되는 언어 표현을 통제하여 과도한 입력의 부담 없이 주제와 의사소통 기능에 충실할 수 있습니다.
- 알기 쉽게 제시하고 충분히 연습하는 단계를 마련하여 학습한 내용의 이해에 그치지 않고 바로 사용할 수 있습니다.

▶ **학습자의 동기를 이끄는 즐겁고 재미있는 교재입니다.**
- 한국어 학습자가 가장 많이 접하고 흥미로워하는 주제와 의사소통 기능을 다룹니다.
- 한국어 학습자의 특성과 요구를 반영하여 명확한 제시와 다양한 연습 방법을 마련했습니다.
- 한국인의 언어생활, 언어 사용 환경의 변화를 발 빠르게 반영했습니다.
- 친근하고 생동감 있는 삽화와 입체적이고 감각적인 디자인으로 학습의 재미를 더합니다.

▶ **한국어 학습에 최적화된 교수 학습 과정을 구현합니다.**

• 학습자가 자주 접하는 의사소통 과제를 선정했습니다. 과제 수행에 필요한 언어 항목을 학습한 후 과제 활동을 하도록 구성했습니다.

• 언어 항목으로 어휘, 문법과 함께 담화 표현을 새로 추가했습니다. 담화 표현은 고정적이고 정형화된 의사소통 표현을 말합니다. 덩어리로 제시하여 바로 사용하게 했습니다.

• 도입 – 제시·설명 – 형태적 연습 활동 – 유의적 연습 활동의 단계로 절차화했습니다.

• 획일적이고 일관된 방식을 탈피하여 언어 항목의 중요도와 난이도에 맞춰 제시하는 절차와 분량에 차이를 두었습니다.

• 발음과 문화 항목은 특정 단원의 의사소통 과제와 긴밀하게 연결되지는 않으나 해당 등급에서 반드시 다루어야 할 항목을 선정하여 단원 후반부에 배치했습니다.

《고려대 한국어》의 구성

▶ **1A와 1B는 각각 5단원으로 한 단원은 10시간 정도가 소요됩니다.**

▶ **한 단원의 구성은 아래와 같습니다.**

▶ **교재의 앞부분에는 '이 책의 특징'과 '단원 구성 표', '한글'을 배치했고, 교재의 뒷부분에는 '정답'과 '듣기 지문', '어휘 찾아보기', '문법 찾아보기'를 부록으로 넣었습니다.**

• 부록의 어휘는 단원별 어휘 모음과 모든 어휘를 가나다순으로 정렬한 두 가지 방식으로 제시했습니다.

• 부록의 문법은 문법의 의미와 화용적 특징, 형태 정보를 정리했고 문법의 쓰임을 확인할 수 있는 전형적인 예문을 넣었습니다. 학습자의 모어 번역도 들어가 있습니다.

▶ **모든 듣기는 MP3 파일 형태로 내려받아 들을 수 있습니다.**

《고려대 한국어 1A》의 목표

한글을 익히고 일상생활에서의 간단한 의사소통을 할 수 있습니다. 인사, 일상생활, 물건 사기 등에 대해 이야기할 수 있습니다. 한국어의 기본 문장을 이해하고 사용할 수 있습니다.

About the Textbook

KU Korean Language and *KU Fun Korean* adopt a "task-based approach with forms in consideration". The former integrates language items, language skills, and culture while the latter separates language skills into speaking, listening, reading, and writing.

KU Korean Language composed of 1A and 1B offers a 100-hour language course, and *KU Fun Korean* also contains a 100-hour course for speaking, listening, reading, and writing as a whole. Therefore, using the six volumes of the two together makes up a regular 200-hour language program. In the case of 100-hour short language programs or Korean language courses in overseas universities, these volumes can be selectively used according to the purpose of the program or the needs of the learner.

About *KU Korean Language*

▶ **The textbook helps even beginners learn Korean in an easy way.**

- The level of target achievement is moderated in accordance with the International Standard Curriculum of Korean Language. It aims to facilitate accurate and fluent use of key expressions.
- By restricting the range of language expressions for input, more focus can be placed on topics and communicative skills while alleviating pressure put on the learner.
- Learners can readily understand what they learn thanks to easy explanations and also immediately apply their knowledge to practice by completing a sufficient number of exercises.

▶ **The textbook is a fun and interesting textbook that can motivate the learner.**

- It addresses the topics and communication skills that the Korean language learner is highly interested in as they are frequently used in real life.
- By reflecting the needs and goals of the Korean language learner, expressions are clearly presented along with various activities for practice.
- It reflects the fast-changing Korean language lifestyle and environment.
- Familiar and engaging illustrations, as well as stereoscopic and stylish design, add fun to learning Korean.

▶ **The textbook offers a curriculum optimal for Korean language teaching and learning.**

- The communicative tasks included are directly related to the learner's daily life. Each unit is structured for the learner to learn essential language items before performing tasks.
- Vocabulary, grammar, and discourse expressions are newly added to the language items. Discourse expressions are defined as fixed and formulaic expressions, and they are presented as a chunk to ensure that learners can use them right away.
- Each unit consists of the Introduction, Presentation, Form Practice Activity, and Meaningful Practice Activity.
- While avoiding a uniform and rigid structure, the procedures and length of content presented varies in tandem with the importance and difficulty of language items.
- The pronunciation and cultural items that the learner is expected to know, not necessarily linked to the communication tasks in the unit, are selected and arranged at the end of each unit.

The Composition of *KU Korean Language*

▶ **1A and 1B consist of 5 units each, and each unit requires 10 hours.**

▶ **Each unit is structured as follows:**

▶ **About the Textbook, Syllabus, and Hangeul are arranged in the beginning of the book, and Correct Answer, and Listening Script, the Vocabulary and Grammar Index are placed in the appendix.**

- The Vocabulary Index in the appendix is listed in two ways: by unit and in Korean alphabetical order.
- Grammar in the appendix outlines meaning, pragmatic features, and information on the forms with sample sentences and grammar usage. They are also included with English translations.

▶ **All audio files can be downloaded as MP3 files.**

Learning Objectives of *KU Korean Language 1A*

Learners can learn Hangeul and participate in simple conversations on everyday topics. They can speak in Korean on topics such as greetings, everyday life, and shopping. They can understand and use basic Korean sentences.

등장인물이 나오는 장면을 보면서 단원의 주제, 의사소통 기능 등을 확인합니다.
The learner looks at the scene and checks the topic of the unit and conversational skills.

어휘의 도입 Introduction of vocabulary

• 목표 어휘가 사용되는 의사소통 상황입니다.
It is a conversational situation where the target vocabulary is used.

어휘의 제시 Vocabulary usage

• 어휘 목록입니다. 맥락 속에서 어휘를 배웁니다.
This is a list of vocabulary. The learner can learn the words in context.

• 그림, 어휘 사용 예문을 보며 어휘의 의미와 쓰임을 확인합니다.
The learner looks at the images and sample sentences and checks the meaning and usage of vocabulary in context.

단원의 제목 Title of the unit

생각해 봐요 Let's think

- 등장인물이 나누는 간단한 대화를 듣고 단원의 주제와 의사소통 목표를 생각해 봅니다.
  The learner listens to a short conversation and thinks about the topic and communication objectives of the unit.

학습 목표 Learning objectives

- 단원을 학습한 후에 수행할 수 있는 의사소통 목표입니다.
  They are the communicative objectives students are expected to achieve after completing the unit.

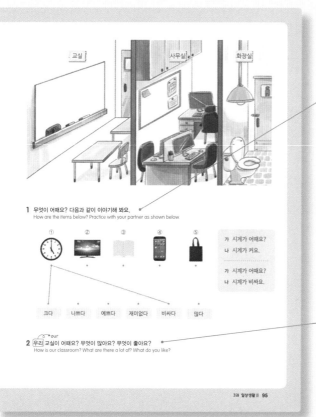

어휘의 연습 1 Vocabulary practice 1

- 배운 어휘를 사용해 볼 수 있는 말하기 연습입니다.
  It is a speaking activity for learners to use the words they have learned.

- 연습의 방식은 그림, 사진, 문장 등으로 다양합니다.
  Various methods such as photos, pictures, or sentences are used for practice.

어휘의 연습 2 Vocabulary practice 2

- 유의미한 의사소통 상황에서 배운 어휘를 사용하는 말하기 연습입니다.
  It is a speaking activity for learners to practice the words they have learned in a meaningful communicative context.

이 책의 특징 About the Textbook

문법의 도입 Introduction of grammar

- 목표 문법이 사용되는 의사소통 상황입니다.
  It is a communicative situation where the target grammar is used.

문법의 제시 Grammar usage

- 목표 문법의 의미와 쓰임을 여러 예문을 통해 확인합니다.
  Various sample sentences show the meaning and usage of the target grammar.

- 목표 문법을 사용하기 위해 알아야 하는 기본 정보입니다.
  It provides basic information for the learner to use the target grammar.

새 단어 New words

- 어휘장으로 묶이지 않은 개별 단어입니다.
  They are individual words, not included in the list of vocabulary.

- 문맥을 통해 새 단어의 의미를 확인합니다.
  The meaning of the new words can be checked in context.

담화 표현의 제시
Usage of discourse expressions

- 고정적이고 정형화된 의사소통 표현입니다.
  They are defined as fixed and formulaic communicative expressions.

담화 표현 연습
Practice of discourse expressions

- 담화 표현을 덩어리째 익혀 대화하는 말하기 연습입니다.
  The learner learns chunks of discourse expressions and practices them through conversation.

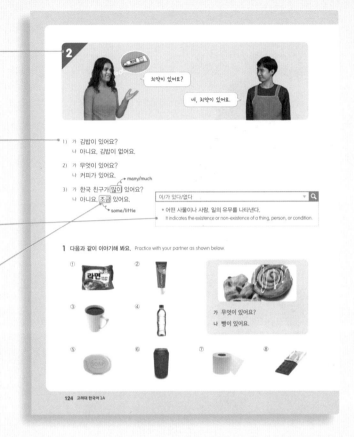

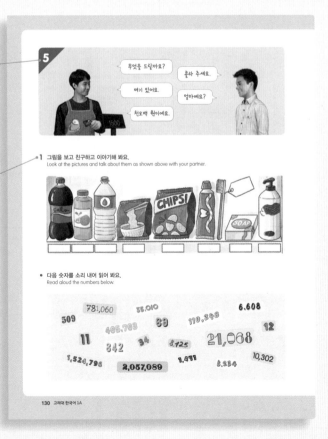

문법의 연습 1, 2 Grammar practice 1, 2

- 배운 문법을 사용해 볼 수 있는 말하기 연습입니다.
  It is a speaking activity for learners to use the grammar they have learned.
- 연습의 방식은 그림, 사진, 문장 등으로 다양합니다.
  Various methods such as photos, pictures, or sentences are used for practice.

문법의 연습 2, 3 Grammar practice 2, 3

- 유의미한 의사소통 상황에서 배운 문법을 사용하는 말하기 연습입니다.
  It is a speaking activity for learners to practice the grammar they have learned in a meaningful communicative context.

대화 듣기 Listening to a conversation

- 의사소통 목표가 되는 자연스럽고 유의미한 대화를 듣고 대화의 목적, 대화의 내용을 파악합니다.
  The learner listens to a natural and meaningful conversation, which is the communicative target of the unit, and identifies the purpose and content of the conversation.

대화 연습 Conversation practice

- 대화 연습을 통해 대화의 구성 방식을 익힙니다.
  The learner learns how to participate in a conversation by engaging in conversational practice.

대화 구성 연습 Practice to organize conversation

- 학습자 스스로 대화를 구성하여 말해 보는 연습입니다.
  It is an exercise for learners to organize a conversation by themselves and speak.
- 어휘만 교체하는 단순 반복 연습이 되지 않도록 구성했습니다.
  It is structured not to make the exercise a simple drill that only requires replacing words.

듣기 활동 Listening activity

- 단원의 주제와 기능이 구현된 의사소통 듣기 활동입니다.
It is a listening activity that includes the topic and skills of each unit.

- 중심 내용 파악과 세부 내용 파악 등 목적에 따라 두세 번 반복하여 듣습니다.
The learner listens to the conversation for a couple of times based on the purpose, whether it is to understand the overall conversation or to capture detailed information.

읽기 활동 Reading activity

- 단원의 주제와 기능이 구현된 의사소통 읽기 활동입니다.
It is a reading activity that includes the topic and skills of each unit.

- 중심 내용 파악과 세부 내용 파악 등 목적에 따라 두세 번 반복하여 읽습니다.
The learner reads the passage for a couple of times based on the purpose, whether it is to understand the overall content or to capture detailed information.

쓰기 활동 Writing activity

- 단원의 주제와 기능이 구현된 의사소통 쓰기 활동입니다.
It is a writing activity that includes the topic and skills of each unit.

- 쓰기 전에 써야 할 내용이나 방식에 대해 생각해 본 후 쓰기를 합니다.
The learner writes his or her own passage after outlining the content or thinking about the style to use.

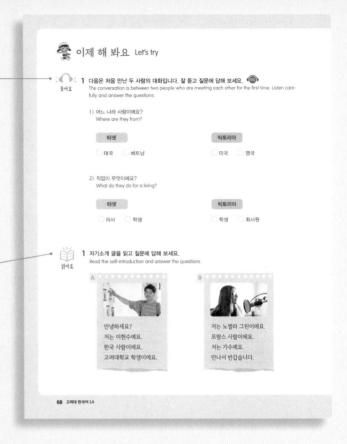

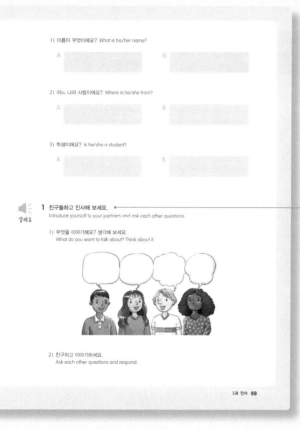

1) 이름이 무엇이에요? What is his/her name?

A [   ] B [   ]

2) 어느 나라 사람이에요? Where is he/she from?

A [   ] B [   ]

3) 학생이에요? Is he/she a student?

A [   ] B [   ]

말해요

1 친구들하고 인사해 보세요.
Introduce yourself to your partners and ask each other questions.

1) 무엇을 이야기해요? 생각해 보세요.
What do you want to talk about? Think about it.

2) 친구하고 이야기하세요.
Ask each other questions and respond.

1과 인사 **69**

말하기 활동 Speaking activity

- 단원의 주제와 기능이 구현된 의사소통 말하기 활동입니다.
  It is a speaking activity that includes the topic and skills of each unit.

- 말하기 전에 말할 내용이나 방식에 대해 생각해 본 후 말하기를 합니다.
  The learners speak after thinking about what and how to express themselves in their speech.

문화 **한국 구경을 떠나 볼까요?** Let's explore Korea!

- 여러분은 한국의 어디 어디를 알아요? 한국의 대표 도시를 알아볼까요?
  What places in Korea do you know? Let's explore representative cities in Korea.

부산
서울
제주

The most popular Korean cities among foreigners include 서울, 부산, and 제주도.

- 서울의 유명한 장소는 어디일까요?
  What places in 서울 are famous?

인사동
경복궁
홍대
동대문
남산서울타워
한강공원
이태원
명동
강남

If you are interested in traditional Korean culture, visit 경복궁 or 인사동. If you want to go shopping, 명동 or 동대문 would be the best places to go. If you want to enjoy the scenery of 서울, visit 남산서울타워 at Namsan. If you have already been to these places, 홍대, 이태원, or 강남 might be a better choice for you to visit.

- 여러분 나라의 유명한 곳은 어디예요? 소개해 보세요.
  What places are famous in your country? Introduce the famous places in your country to your partners

자기 평가
Self-Check

이번 과 공부는 어땠어요? 별점을 매겨보세요!
How was this lesson? Please rate it.

어디에서 무엇을 하는지 묻고 답할 수 있어요? ☆☆☆☆☆

4과 장소 **119**

발음 활동/문화 활동
Pronunciation exercise/cultural activity

- 초급에서 필수적으로 알아야 할 발음/문화 항목을 소개합니다. 간단한 설명 후 실제 활동을 해 봅니다.
  It introduces the pronunciation and cultural items that Korean language beginners need to know. After a brief explanation, they engage in actual exercises or activities.

- 단원마다 발음 또는 문화 항목이 제시됩니다.
  Pronunciation and cultural items are presented alternately in each unit.

자기 평가 Self-check

- 단원 앞부분에 제시되었던 학습 목표 달성 여부를 학습자 스스로 점검합니다.
  Learners evaluate to what extent they have achieved the learning objectives presented in the beginning of the unit.

단원 구성 표

단원	단원 제목	학습 목표	의사소통 활동
1과	인사	처음 만난 사람과 인사를 할 수 있다.	• 인사하는 대화 듣기 • 자기소개 글 읽기 • 인사하기 • 자기소개 글 쓰기
2과	일상생활 I	무엇을 하는지 묻고 답할 수 있다.	• 일상생활을 묻는 대화 듣기 • 일상생활 묻고 답하기 • 일상생활에 대한 글 읽기 • 일상생활에 대한 글 쓰기
3과	일상생활 II	무엇이 어떤지 묻고 답할 수 있다.	• 일상생활을 묻는 대화 듣기 • 일상생활 묻고 답하기 • 일기 읽기 • 일기 쓰기
4과	장소	어디에서 무엇을 하는지 묻고 답할 수 있다.	• 장소에서 하는 일에 대한 대화 듣기 • 장소에 대한 글 읽기 • 장소에서 하는 일 묻고 답하기 • 장소에서 하는 일 쓰기
5과	물건 사기	물건을 살 수 있다.	• 물건을 사는 대화 듣기 • 영수증 읽기 • 물건 사는 대화하기 • 물건을 산 경험 쓰기

	어휘 · 문법 · 담화 표현			발음/문화
• 나라 • 직업	• 저는 [명사]이에요/ 예요	• 이름 말하기 • 나라 말하기 • '네, 아니요'로 답하기		어서 오세요! 한국
• 동작 • 물건	• 을/를 • -아요/어요/여요 • 하고 1			연음 1
• 상태 • 학교	• 이/가 • 한국어의 문장 구조			연음 2
• 장소	• 에 가다 • 에서 • 지시 표현 [이, 그, 저]			한국 구경을 떠나 볼까요?
• 가게 물건 • 고유어 수 • 한자어 수	• 이/가 있다/없다 • 하고 2	• 물건 사기		한국의 돈

Table of Lessons

Unit	Unit name	Learning Objectives	Communicative activity
Unit 1	Greetings	You can introduce yourself to someone that you meet for the first time.	• Listening to a conversation on greetings • Reading a self-introduction • Introducing oneself • Writing a self-introduction
Unit 2	Daily Life I	You can ask what you do and respond.	• Listening to a conversation about daily life • Asking and answering questions about daily life • Reading a passage about daily life • Writing a passage about daily life
Unit 3	Daily Life II	You can ask and answer questions about conditions.	• Listening to a conversation about daily life • Asking and answering questions about daily life • Reading a diary entry • Writing a diary entry
Unit 4	Places	You can ask and answer the questions about where and what you are doing.	• Listening to a conversation about things to do at a certain place • Reading a passage about a place • Asking and answering questions about things to do at a particular place • Writing a passage about things to do at a particular place
Unit 5	Buying Things	You can buy things.	• Listening to a conversation on shopping • Reading a receipt • Asking and answering questions about shopping • Writing a passage about a shopping experience at a store

Vocabulary · Grammar · Discourse expressions			Pronunciation / Culture

• countries
• occupation
	• 저는 [noun]이에요/예요	• Introducing name
		• Intro ducing na-
		  tionality
		• Answering in yes
		  or no
			Welcome to Korea!

• action • objects	• 을/를 • -아요/어요/여요 • 하고 1		Linking sounds 1
• conditions • school	• 이/가 • Korean sentence structure		Linking sounds 2
• place	• 에 가다 • 에서 • Demonstrative [이, 그, 저]		Let's explore Korea!
• items at a store • Korean numbers • Chinese-Korean numbers	• 이/가 있다/없다 • 하고 2	• Buying things	Korean money

차례 Contents

부록

왕웨이

나라	중국
나이	19세
직업	학생
	(고려대학교 한국어센터)
취미	피아노

카밀라 멘데즈

나라	칠레
나이	23세
직업	학생
	(고려대학교 한국어센터)
취미	SNS

무함마드 알 감디

나라	이집트
나이	32세
직업	요리사/학생
취미	태권도

김지아

나라	한국
나이	22세
직업	학생
	(고려대학교 경제학과)
취미	영화

미아 왓슨

나라	영국
나이	21세
직업	학생
	(고려대학교 교환 학생)
취미	노래(K-POP)

응우옌 티 두엔

나라	베트남
나이	19세
직업	학생
	(고려대학교 한국어센터)
취미	드라마

다니엘 클라인

나라	독일
나이	29세
직업	회사원/학생
취미	여행

모리야마 나쓰미

나라	일본
나이	35세
직업	학생/약사
취미	그림

서하준

나라	한국
나이	22세
직업	학생
	(고려대학교 국어국문학과)
취미	농구

정세진

나라	한국
나이	33세
직업	한국어 선생님
취미	요가

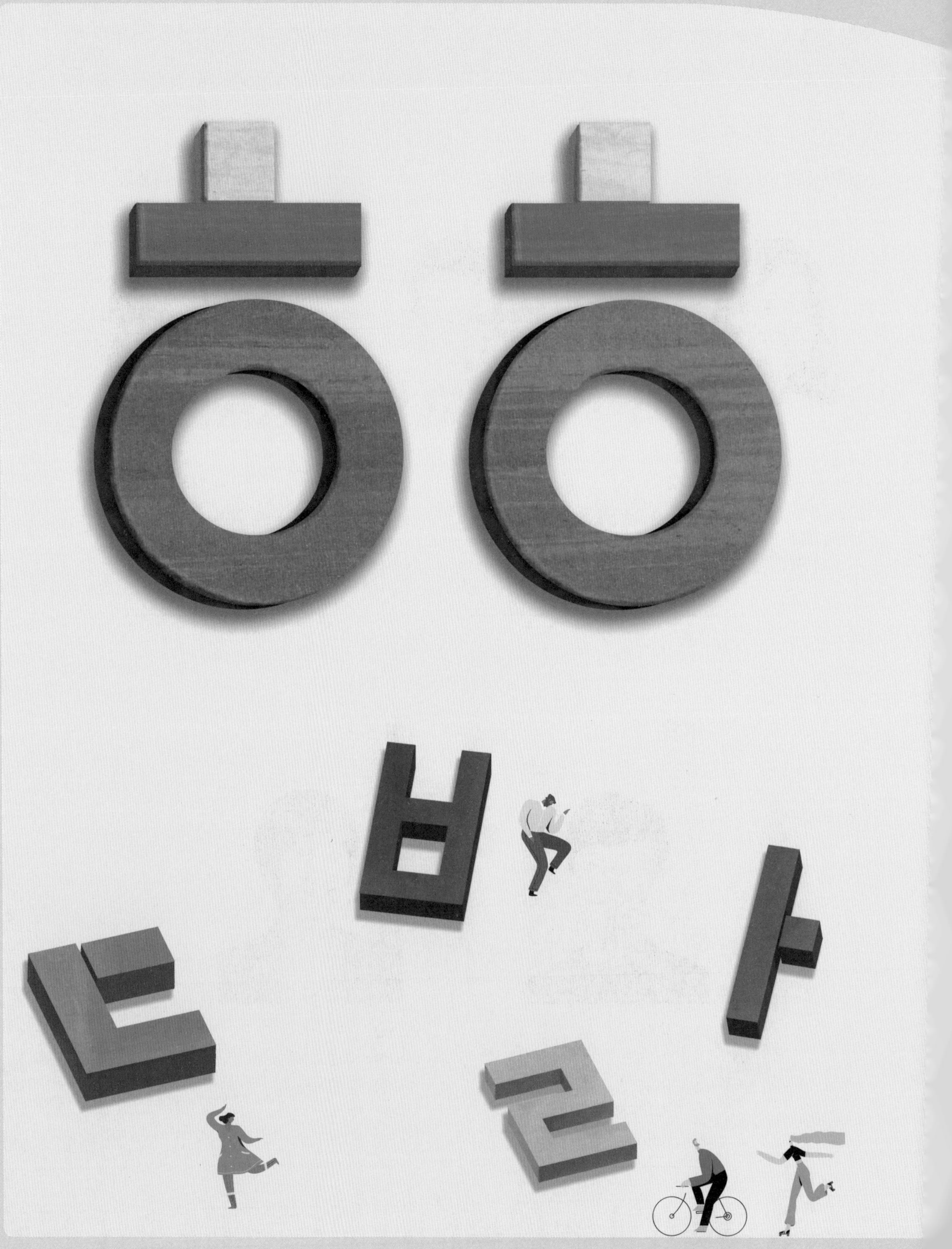

0

한글

Hangeul

한글을 배워요 Let's learn Hangeul

한글의 창제 The Creation of Hangeul

한글은 세종대왕이 만든 한국의 고유 글자입니다. 세종대왕은 백성들의 문자 생활의 어려움을 해소하기 위해 1443년 문자를 만들었습니다. 이 문자의 이름은 훈민정음(訓民正音, 백성들을 가르치는 바른 소리)이고 같은 이름의 해설서인 《훈민정음》을 통해 창제의 취지, 자음자와 모음자의 음가와 운용 방법을 밝혔습니다. 한글은 글자의 이름인 훈민정음을 달리 이르는 명칭으로 20세기 이후에 널리 사용되었습니다.

Hangeul, the Korean alphabetic system, was invented by Sejong the Great, the fourth king of the Joseon Dynasty (1392-1910). In order to address the concerns of ordinary people in relation to the writing system at the time, he created Huminjeongum, meaning the Proper Sounds to Instruct the People, in 1443. Huminjeongum, the first name of Hangeul, is also the title of the two manuscripts that described the purpose and principles of its creation, as well as its pronunciation rules and usage. The name Hangeul has been widely used since the late 20th century.

 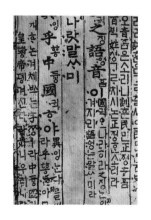 

한글은 자음과 모음으로 이루어진 음소 문자로, 상형의 원리에 의해 기본자인 모음 세 자와 자음 다섯 자를 만들고, 가획과 합용의 방법으로 다른 모음자와 자음자를 만들었습니다.

Hangeul is a phonetic alphabet consisting of consonants and vowels. Sejong the Great created five consonants and three vowels as basic letters of the system, symbolizing the essence of universe and the shapes of the vocal organs, as well as other letters by combining them or adding strokes.

모음의 기본자는 ' •, ㅡ, ㅣ '인데, 하늘의 동그란 모양, 땅의 평평한 모양, 사람이 서 있는 모양을 본떠 만들었습니다. 이 기본자를 서로 결합하여 다른 모음자를 만들었습니다.

The three basic vowels •, ㅡ, and ㅣ indicate cosmological relations, symbolizing the round shape of the sky, the flat shape of the earth, and the upright posture of a person, respectively. By combining these vowels together, other vowels were created.

자음의 기본자는 'ㄱ, ㄴ, ㅁ, ㅅ, ㅇ'입니다. ㄱ은 혀뿌리가 목구멍을 닫는 모양, ㄴ은 혀가 윗잇몸에 붙는 모양, ㅁ은 입의 모양, ㅅ은 이의 모양, ㅇ은 목구멍의 모양을 본떠 만들었습니다. 발음 기관이나 조음 방법을 본뜬 이 기본자에 획을 더하는 방법과 기본자를 같이 쓰는 방식으로 다른 자음자를 만들었습니다.

The shape of the five basic consonants ㄱ, ㄴ, ㅁ, ㅅ, and ㅇ reflect the position of the vocal organs when making a sound. Each of them follows the shape of the tongue covering the throat, the shape of the tongue touching the top of the mouth, the shape of the lips firmly closing, the shape of the tooth, and the shape of the throat. By adding strokes or combining them together, other consonants were created.

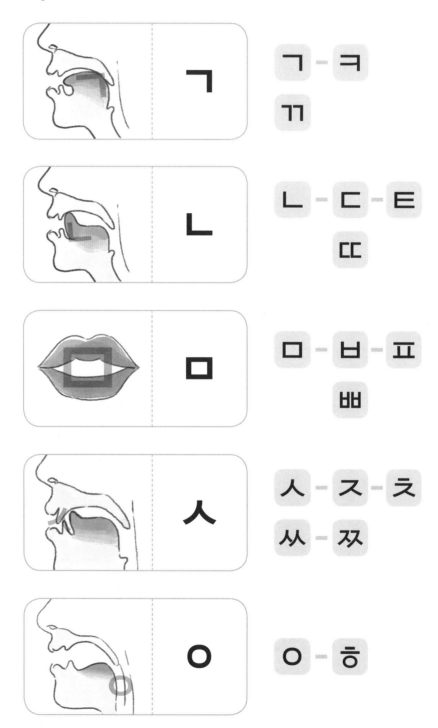

모음 1 Vowels 1

● 잘 들으세요. 01
  Listen carefully.

모음	발음	이름
ㅏ	[ɑ]	아
ㅓ	[ʌ]	어
ㅗ	[o]	오
ㅜ	[u]	우
ㅡ	[ɯ]	으
ㅣ	[i]	이

모음	발음	이름
ㅑ	[jɑ]	야
ㅕ	[jʌ]	여
ㅛ	[jo]	요
ㅠ	[ju]	유

● 듣고 따라 하세요. 02
  Listen and repeat.

1) ㅏ   2) ㅑ   3) ㅓ   4) ㅕ

5) ㅗ   6) ㅛ   7) ㅜ   8) ㅠ

9) ㅡ   10) ㅣ

● 사진의 입 모양을 보면서 읽으세요.
Read the letters, mimicking the shape of the lips in the pictures.

1)  ㅏ

2)  ㅓ

3) 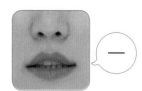 ㅡ

4)  ㅗ

5)  ㅜ

6)  ㅣ

● 읽으세요.
Read the letters below.

1) ㅏ, ㅑ, ㅏ, ㅑ

2) ㅕ, ㅜ, ㅕ, ㅜ

3) ㅗ, ㅛ, ㅗ, ㅛ

4) ㅜ, ㅏ, ㅜ, ㅏ

5) ㅓ, ㅜ, ㅑ

6) ㅜ, ㅗ, ㅏ

7) ㅡ, ㅓ, ㅏ

8) ㅓ, ㅣ, ㅠ, ㅣ

9) ㅏ, ㅣ, ㅜ, ㅣ, ㅗ

10) ㅛ, ㅑ, ㅠ, ㅕ

● 쓰세요.
Write the letters below.

모음	발음	쓰는 순서	연습			
ㅏ	[ɑ]	ㅣ ㅏ				
ㅑ	[jɑ]	ㅣ ㅏ ㅑ				
ㅓ	[ʌ]	‐ ㅓ				
ㅕ	[jʌ]	‐ = ㅕ				
ㅗ	[o]	ㅣ ㅗ				
ㅛ	[jo]	ㅣ ㅣㅣ ㅛ				
ㅜ	[u]	‐ ㅜ				
ㅠ	[ju]	‐ ㅜ ㅠ				
ㅡ	[ɯ]	‐				
ㅣ	[i]	ㅣ				

자음 1 Consonants 1

- ● **확인하세요.**
  Check the table below.

자음	발음	이름
ㄱ	[k]	기역
ㄷ	[t]	디귿
ㅁ	[m]	미음
ㅅ	[s]	시옷
ㅈ	[tɕ]	지읒
ㅋ	[kʰ]	키읔
ㅍ	[pʰ]	피읖

자음	발음	이름
ㄴ	[n]	니은
ㄹ	[l]	리을
ㅂ	[p]	비읍
ㅇ	[ŋ]	이응
ㅊ	[tɕʰ]	치읓
ㅌ	[tʰ]	티읕
ㅎ	[h]	히읗

✳ 한국어의 자음은 단독으로 발음할 수 없습니다. 여기에서는 무표 모음인 'ㅡ'와 결합하여 자음의 소리를 제시합니다.

Hangeul consonants cannot be pronounced alone. The sounds of consonants combined with the unmarked vowel 'ㅡ' are presented here.

● 듣고 따라 하세요. (03)
Listen and repeat.

1) ㄱ　　　　2) ㄴ　　　　3) ㄷ　　　　4) ㄹ　　　　5) ㅁ

6) ㅂ　　　　7) ㅅ　　　　8) ㅇ　　　　9) ㅈ　　　　10) ㅊ

11) ㅋ　　　　12) ㅌ　　　　13) ㅍ　　　　14) ㅎ

● 읽으세요.
Read the letters below.

1) ㄱ, ㅋ　　　　　　　　　　　2) ㄴ, ㄹ

3) ㄷ, ㅌ　　　　　　　　　　　4) ㅅ, ㅎ

5) ㅈ, ㅊ　　　　　　　　　　　6) ㅂ, ㅍ

7) ㄱ, ㄷ, ㅂ　　　　　　　　　8) ㅁ, ㅂ, ㅍ

9) ㅎ, ㅁ, ㄴ　　　　　　　　　10) ㅅ, ㅌ, ㄹ

11) ㄷ, ㄷ, ㄷ　　　　　　　　　12) ㅋ, ㅋ, ㅋ

13) ㅍ, ㅎ, ㅍ, ㅎ　　　　　　　14) ㅅ, ㅎ, ㄱ, ㅂ

15) ㅋ, ㅈ, ㅌ, ㅎ　　　　　　　16) ㄹ, ㄹ, ㄹ, ㄹ, ㄹ

- 쓰세요.

  Write the letters below.

자음	발음	쓰는 순서	연습			
ㄱ	[k]	ㄱ				
ㄴ	[n]	ㄴ				
ㄷ	[t]	ㄷ				
ㄹ	[l]	ㄹ				
ㅁ	[m]	ㅁ				
ㅂ	[p]	ㅂ				
ㅅ	[s]	ㅅ				
ㅇ	[ŋ]	ㅇ				
ㅈ	[tɕ]	ㅈ				
ㅊ	[tɕʰ]	ㅊ				

자음	발음	쓰는 순서	연습				
ㅋ	[k^h]	ㄱ ㅋ					
ㅌ	[t^h]	ㅡ ㄹ ㅌ					
ㅍ	[p^h]	ㅡ ㅜ ㅠ ㅍ					
ㅎ	[h]	ㆍ ㅡ ㅎ					

● 잘 듣고 맞는 것을 고르세요. (04)
Listen carefully and choose the corresponding sounds.

1) ① ㄱ   ② ㄹ

2) ① ㄷ   ② ㅂ

3) ① ㅅ   ② ㅍ

4) ① ㄴ   ② ㅁ

5) ① ㅋ   ② ㅎ

6) ① ㅏ   ② ㅓ

7) ① ㅗ   ② ㅜ

8) ① ㅡ   ② ㅣ

음절 1 Syllable 1

한국어는 음절 단위로 발음합니다. 음절의 필수 요소는 모음입니다. 모음은 단독으로 한 음절을 만들 수도 있고, 모음의 앞과 뒤에 자음을 취해 음절을 만들 수도 있습니다. 모음으로만 이루어진 음절은 모음 앞에 소리가 없는 'ㅇ'을 붙입니다.

The syllable block is the basic unit of writing and pronunciation in Korean. The essential component of the syllable block is the vowel as it can form a syllable block by itself or together with consonants added before and/or after. To formulate a syllable block only with a vowel, the silent consonant ㅇ should be added before the vowel.

$$ㅇ + ㅏ = 아 \qquad ㅇ + ㅗ = 오$$

모음은 자음의 오른쪽에 위치하는 모음과 자음의 아래쪽에 위치하는 모음이 있습니다. 'ㅏ, ㅑ, ㅓ, ㅕ, ㅣ'는 자음이 왼쪽에 모음이 오른쪽에 위치하고, 'ㅗ, ㅛ, ㅜ, ㅠ, ㅡ'는 자음이 위쪽에 모음이 아래쪽에 위치합니다.

There are two types of vowels. Vowels, such as ㅏ, ㅑ, ㅓ, ㅕ, and ㅣ, are located on the right of the consonant while the others, ㅗ, ㅛ, ㅜ, ㅠ, and ㅡ, are placed under the consonant.

모음	자음과 모음의 결합			
ㅏ, ㅑ, ㅓ, ㅕ, ㅣ	ㄱ + ㅏ ➡ 가		ㄱ + ㅓ ➡ 거	
ㅗ, ㅛ, ㅜ, ㅠ, ㅡ	ㄱ + ㅗ ➡ 고		ㄱ + ㅜ ➡ 구	

● 쓰세요.
Write the letters below.

1) ㄱ + ㅣ ➡

2) ㄴ + ㅏ ➡

3) ㄹ + ㅡ ➡

4) ㅁ + ㅗ ➡

5) ㅇ + ㅑ ➡

6) ㅈ + ㅓ ➡

7) ㅂ + ㅜ ➡

8) ㅍ + ㅗ ➡

9) ㅎ + ㅠ ➡

● 듣고 따라 하세요.
Listen and repeat.

1) 거   2) 어   3) 도   4) 러   5) 무

6) 보   7) 서   8) 우   9) 지   10) 추

11) 크   12) 트   13) 노   14) 표   15) 혀

● 읽으세요.
Read the letters below.

1) 아이   2) 우유   3) 오이   4) 이유   5) 아우

6) 도   7) 저   8) 가지   9) 미소   10) 우주

11) 야호   12) 나무   13) 휴지   14) 두루미   15) 고구마

16) 요구   17) 파도   18) 소나기   19) 다리미   20) 피부

- 쓰세요.
Write the syllable blocks as shown below.

	ㅏ	ㅓ	ㅗ	ㅜ	ㅡ	ㅣ
ㅇ						
ㄱ						
ㄴ						
ㄷ						
ㄹ						
ㅁ						
ㅂ						
ㅅ						
ㅈ						
ㅊ						

	ㅑ	ㅕ	ㅛ	ㅠ
ㅇ				
ㄱ				
ㄷ				
ㅂ				
ㅅ				

● 잘 듣고 맞는 것을 고르세요. 06

Listen carefully and choose the corresponding sounds.

1) ① 가　　② 다　　③ 바

2) ① 무　　② 주　　③ 후

3) ① 저　　② 러　　③ 퍼

4) ① 도　　② 무　　③ 수

5) ① 비　　② 피　　③ 치

● 잘 듣고 쓰세요. 〔07〕

Listen carefully and write the corresponding letters.

1)

2)

3)

4)

5)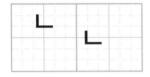

6)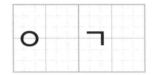

● 잘 듣고 맞는 것을 고르세요. 〔08〕

Listen carefully and choose the corresponding sounds.

1) ① 하루　　② 허나

2) ① 부디　　② 비지

3) ① 서로　　② 주모

4) ① 고려아　　② 코리아

5) ① 아유미　　② 여우미

● 읽으세요.

Read the letters below.

아이 ➡ 이유 ➡ 유아 ➡ 아기

⬇

기도 ⬅ 요기 ⬅ 차요 ⬅ 기차

⬇

도로 ➡ 로마 ➡ 마차 ➡ 차이

● 잘 듣고 순서대로 줄을 그으세요.

Listen carefully and connect the sounds in order by drawing a line.

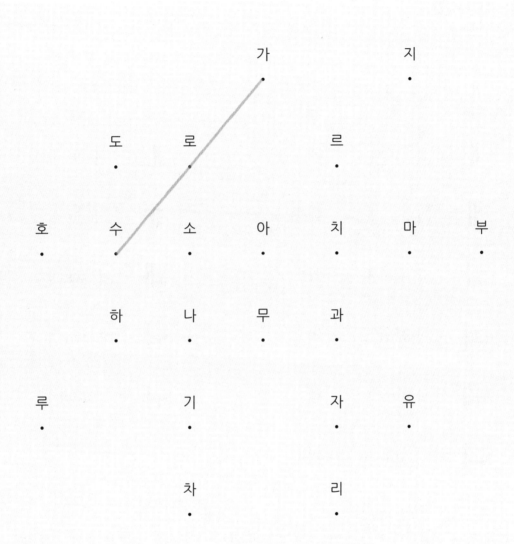

모음 2 Vowels 2

● 잘 들으세요. (10)
Listen carefully.

모음	발음	이름
ㅐ	[ɛ]	애
ㅔ	[e]	에
ㅘ	[wɑ]	와
ㅚ	[Ø/wɛ]	외
ㅞ	[wɛ]	웨
ㅢ	[ɯi]	의

모음	발음	이름
ㅒ	[jɛ]	얘
ㅖ	[je]	예
ㅙ	[wɛ]	왜
ㅝ	[wʌ]	워
ㅟ	[y/wi]	위

※ 'ㅐ'와 'ㅔ' 그리고 'ㅒ'와 'ㅖ'는 원래 다른 소리이지만 대부분의 한국 사람들은 'ㅐ'와 'ㅔ'를 같은 소리인 [ɛ]로 발음하고, 'ㅒ'와 'ㅖ'도 같은 소리인 [jɛ]로 발음합니다. 'ㅙ', 'ㅚ', 'ㅞ'도 같은 소리인 [wɛ]로 발음합니다.
ㅐ/ㅔ, as well as ㅒ/ㅖ, are different sounds, but most Koreans pronounce ㅐ/ㅔ as [ɛ] and ㅒ/ㅖ as [jɛ]. Koreans also pronounce ㅙ/ㅚ/ㅞ as [wɛ].

※ 표준발음법에 따르면 'ㅚ'와 'ㅟ'는 원래 단모음이지만 대부분의 한국 사람은 이중모음으로 발음합니다.
According to Standard Korean Pronunciation, ㅚ/ㅟ are defined as monophthongs, but most Koreans pronounce them as double vowels.

● 듣고 따라 하세요.
Listen and repeat.

1) ㅐ   2) ㅒ   3) ㅔ   4) ㅖ

5) ㅘ   6) ㅙ   7) ㅚ   8) ㅝ

9) ㅞ   10) ㅟ   11) ㅢ

● 읽으세요.
Read the letters below.

1) 애   2) 에   3) 얘   4) 예

5) 왜   6) 외   7) 웨   8) 와

9) 워   10) 위   11) 의

● 읽으세요.
Read the letters below.

1) 개   2) 쇠   3) 회   4) 뭐

5) 놔   6) 게   7) 귀   8) 봐

9) 얘기   10) 돼지   11) 위치   12) 예의

13) 궤도   14) 의자   15) 추위   16) 무늬

● 쓰세요.

Write the syllable blocks as shown below.

모음	발음	쓰는 순서	연습				
ㅐ	[ɛ]	ㅣ ㅏ ㅐ					
ㅒ	[jɛ]	ㅣ ㅑ ㅒ ㅒ					
ㅔ	[e]	ㅡ ㅓ ㅔ					
ㅖ	[je]	ㅡ ㅕ ㅖ ㅖ					
ㅘ	[wɑ]	ㅣ ㅗ ㅚ ㅘ					
ㅙ	[wɛ]	ㅣ ㅗ ㅚ ㅘ ㅙ					
ㅚ	[ø/wɛ]	ㅣ ㅗ ㅚ					
ㅝ	[wʌ]	ㅡ ㅜ ㅜ ㅝ					
ㅞ	[we]	ㅡ ㅜ ㅜ ㅝ ㅞ					
ㅟ	[y/wi]	ㅡ ㅜ ㅟ					
ㅢ	[ɰi]	ㅡ ㅢ					

● 잘 듣고 맞는 것을 고르세요. 🔟

Listen carefully and choose the corresponding sounds.

1) ① 나   ② 놔

2) ① 기   ② 걔

3) ① 둬   ② 두

4) ① 의   ② 위

5) ① 돼   ② 뒤

● 읽으세요.

Read the letters below.

1) 애, 새우, 배구, 채소   2) 게, 세기, 제주도, 테이프

3) 걔, 쟤, 세계, 예의   4) 와우, 사과, 봐요, 화가

5) 왜, 돼지, 궤도, 구두쇠   6) 추워요, 쉬워요, 둬요, 쿼터

7) 위, 귀, 뒤, 쉬어요   8) 의자, 의미, 의류, 의주

자음 2 Consonants 2

● **확인하세요.**
Check the table below.

자음	발음	이름
ㄲ	[k*]	쌍기역
ㅃ	[p*]	쌍비읍
ㅉ	[tɕ*]	쌍지읒

자음	발음	이름
ㄸ	[t*]	쌍디귿
ㅆ	[s*]	쌍시옷

● **듣고 따라 하세요.** (13)
Listen and repeat.

1) 까   2) 띠   3) 뿌   4) 싸

5) 짜   6) 꼬   7) 뚜   8) 뻐

● **읽으세요.**
Read the letters below.

1) 아까   2) 어깨   3) 까치   4) 꼬리

5) 따요   6) 가짜   7) 아빠   8) 싸요

9) 짜요   10) 예뻐요   11) 쓰레기   12) 허리띠

13) 토끼   14) 꼬마   15) 따오기   16) 코끼리

● 쓰세요.
Write the syllable blocks as shown below.

	ㅣ	ㅏ	ㅡ	ㅓ	ㅐ
ㄲ	끼				
ㄸ		따			
ㅃ					
ㅆ					
ㅉ					

● 잘 듣고 쓰세요. 🎧14
Listen carefully and write the corresponding letters.

1)
	마

2)
조	

3)
아	

4)
	리

5)
	레	기

6)
머	리	

음절 2 Syllable 2

음절의 필수 요소는 모음으로, 모음은 단독으로 한 음절을 만들 수도 있고, 모음의 앞과 뒤에 자음을 취해 음절을 만들 수도 있습니다. 모음 뒤에 오는 자음을 '받침'이라고 합니다.

The essential unit of a syllable is the vowel. A consonant that comes after a vowel within each syllable block is called batchim.

$$ㅇ + ㅏ + ㄴ = 안$$

$$ㄱ + ㅜ + ㄱ = 국$$

받침의 소리는 파열되지 않습니다.
Syllable-final consonants are pronounced unreleased.

● **읽으세요.**
  Read the letters below.

  1) 억, 닥, 북, 혹
  2) 난, 전, 돈, 푼
  3) 곧, 욷, 듣, 푿

  4) 울, 굴, 불, 줄
  5) 맘, 곰, 흠, 큼
  6) 좁, 삽, 럽, 힙

  7) 덩, 웅, 쿵, 캉
  8) 딩, 동, 딩, 동

● **읽으세요.**
  Read the letters below.

  1) 오싹오싹, 꼬르륵꼬르륵
  2) 두근두근, 소곤소곤

  3) 터덜터덜, 훌쩍훌쩍
  4) 성큼성큼, 야금야금

  5) 어줍어줍, 후루룩 쩝쩝
  6) 살랑살랑, 올망졸망

모든 자음이 '받침'으로 사용될 수 있지만 실제 발음으로 나는 소리는 7가지입니다.

All consonants can come in syllable-final position, but they are pronounced as only one of seven different sounds.

받침	발음	예
ㄱ	[k]	목, 저녁
ㅋ		부엌
ㄴ	[n]	눈, 인사
ㄷ	[t]	곧, 듣다
ㅅ		옷, 빗
ㅈ		낮, 찾다
ㅊ		꽃, 빛
ㅌ		밑, 끝
ㅎ		히읗
ㄹ	[l]	말, 겨울
ㅁ	[m]	잠, 감기
ㅂ	[p]	밥, 집
ㅍ		옆, 숲
ㅇ	[ŋ]	공, 빵

● 쓰세요.
Write the syllable blocks as shown below.

	아	고	나	다	로	머	부
받침 ㄱ							
받침 ㄴ							
받침 ㄷ							
받침 ㄹ							
받침 ㅁ							
받침 ㅂ							
받침 ㅇ							

● 쓰세요.
Write the syllable blocks as shown below.

1) 책 　　　　2) 손

3) 김치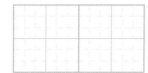

4) 공항

5) 수업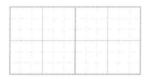

6) 선물

7) 가을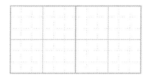

8) 음식

9) 문방구

10) 선생님

● 잘 듣고 맞는 것을 고르세요.
Listen carefully and choose the corresponding sounds.

1) ① 각   ② 갈

2) ① 논   ② 놉

3) ① 방   ② 박

4) ① 입   ② 일

5) ① 숨   ② 술

한글을 읽어요 Let's read Hangeul

단어 Word

자음으로 끝나는 음절 뒤에 모음으로 시작되는 음절이 오면, 앞 음절의 받침은 뒤 음절의 첫소리로 발음됩니다.
When a final consonant is followed by a vowel, the consonant is pronounced as the initial sound of the following syllable.

음 악 ➡ [으막]   한 국 어 ➡ [한구거]

● **듣고 따라 하세요.** (16)
Listen and repeat.

1) 책	2) 안	3) 문	4) 곧
5) 길	6) 물	7) 밤	8) 선생님
9) 밥	10) 수업	11) 가방	12) 만나요
13) 얼음	14) 입어요	15) 웃어요	16) 걸어와요

● **읽으세요.**
Read the letters below.

1) 우산	2) 오전	3) 옆	4) 치약
5) 서점	6) 과일	7) 상자	8) 그릇
9) 연습	10) 음식	11) 방학	12) 병원
13) 밤낮	14) 영국	15) 달력	16) 선생님
17) 어린이	18) 하마	19) 높이	20) 닫아요

● 잘 듣고 쓰세요. 🎧17

Listen carefully and write the corresponding letters.

1) 아

2) 다

3) 수

4) 바

5) 눈

6) 수

7) 기

8)

9)

10)

● 읽으세요.

Read the letters below.

1)   속, 저녁, 미국, 가족, 감각, 성악, 해학, 부엌, 밖, 깎다

2)   눈, 전기, 번호, 편지, 한의사, 노인, 라면, 퇴근, 레몬, 자전거

3)   곧, 걷다, 맛, 밭, 있다, 꽃가게, 비옷, 대낮, 옷깃, 햇빛, 가마솥

4)   팔, 길, 빨리, 알다, 골프, 지하철, 겨울, 수달, 요일, 미술

5)   곰, 땀, 잠, 감기, 컴퓨터, 씨름, 바람, 처음, 시험, 아침

6)   밥, 좁다, 높다, 수업, 아홉, 이집트, 무릎, 대답, 겁, 업다

● 친구가 읽는 글자의 번호를 쓰세요.
Write the number of the syllable block your partner reads.

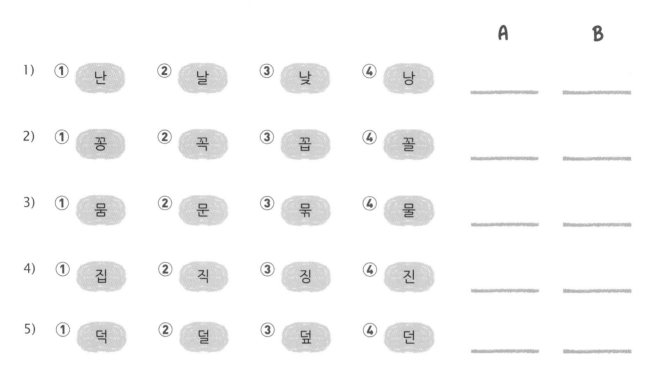

A   B

1) ① 난   ② 날   ③ 낯   ④ 낭

2) ① 꽁   ② 꼭   ③ 꼽   ④ 꼴

3) ① 뭄   ② 문   ③ 묵   ④ 물

4) ① 집   ② 직   ③ 징   ④ 진

5) ① 덕   ② 덜   ③ 덮   ④ 던

● 다음을 읽으세요. 그리고 옆의 그림에서 같은 글자를 찾아 ♡ 하세요.
Read the words below. Circle the same words in the picture on the right.

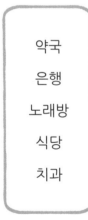

약국
은행
노래방
식당
치과

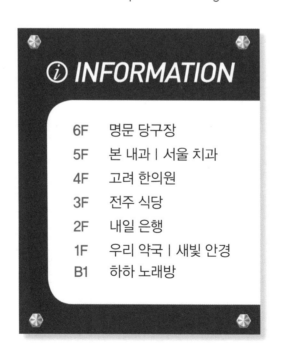

ⓘ INFORMATION

6F   명문 당구장
5F   본 내과 | 서울 치과
4F   고려 한의원
3F   전주 식당
2F   내일 은행
1F   우리 약국 | 새빛 안경
B1   하하 노래방

문장 Sentence

● **읽으세요.**
Read the sentences below.

1) 산이에요.

2) 연필이에요.

3) 옷이 있어요.

4) 서울에 살아요.

5) 몸이 아파요.

6) 날이 추워요.

7) 기분이 좋아요.

8) 밥을 먹어요.

9) 음악을 들어요.

10) 전화를 걸어요.

11) 친구를 만나요.

12) 눈이 동그래요.

13) 우리 집 돼지는 뚱뚱해요.

14) 빨간 모자를 쓴 토끼가 뛰어가요.

15) 날씨가 쌀쌀해요.

16) 우산이 예뻐요.

17) 얼굴이 갸름해요.

18) 달걀이 맛있어요.

19) 곰이 춤을 추어요.

20) 풀밭에 꽃이 피었어요.

1

인사
Greetings

💡 생각해 봐요 Let's think 　🎧 011

1 두 사람은 무엇을 해요?
What are they doing?

🚲 학습 목표 Learning Objectives

처음 만난 사람과 인사를 할 수 있다.
You can introduce yourself to someone that you meet for the first time.

● 나라, 직업
● 저는 [명사]이에요/예요
● 이름 말하기, 나라 말하기, '네, 아니요'로 답하기

배워요 Let's learn

> 1
>
> 이름이 무엇이에요?
>
> 저는 카밀라 멘데즈예요.
> 이름이 무엇이에요?
>
> 저는 서하준이에요.

1 이름이 무엇이에요? 이야기해 봐요.
What is your name? Ask each other and respond.

다니엘 클라인

가 이름이 무엇이에요?
나 저는 김지아예요. 이름이 무엇이에요?
가 저는 다니엘 클라인이에요.

김지아

friend
2 친구는 이름이 무엇이에요? 친구하고 이야기해 봐요.
What is your partner's name? Ask each other and respond.

김지아

서하준

왕웨이

카밀라 멘데즈

다니엘 클라인

응우옌 티 두엔

모리야마 나쓰미

무함마드 알 감디

미아 왓슨

정세진

2

어느 나라 사람이에요?

저는 중국 사람이에요.

영국

독일

러시아

몽골

프랑스

중국

일본

미국

이집트

한국

브라질

인도

베트남

칠레

사우디아라비아

태국

호주

1 어느 나라 사람이에요? 다음과 같이 이야기해 봐요.

Where are you from? Practice with your partner as shown below.

① 영국
② 중국
③ 브라질
④ 사우디아라비아
⑤ 이집트

한국
가 어느 나라 사람이에요?
나 저는 한국 사람이에요.

⑥ 베트남
⑦ 호주
⑧ 일본
⑨ 미국
⑩ 몽골

2 친구는 어느 나라 사람이에요? 친구하고 이야기해 봐요.

Where is your partner from? Ask each other and respond.

3

저는 왕웨이예요.
저는 중국 사람이에요.

1) 가 저는 제시카 밀러예요.
   저는 미국 사람이에요.

2) 가 저는 두엔이에요.
   베트남 사람이에요.

3) 가 저는 김지아예요.
   나 저는 서하준이에요.

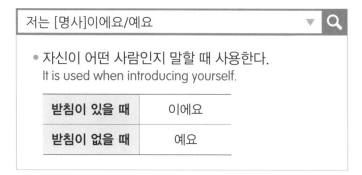

저는 [명사]이에요/예요

• 자신이 어떤 사람인지 말할 때 사용한다.
  It is used when introducing yourself.

받침이 있을 때	이에요
받침이 없을 때	예요

1 이름하고 나라를 이야기해 봐요.
Look at the name cards below and tell your partner the name and nationality.

① 무함마드
이집트

② 카밀라
칠레

③ 나쓰미
일본

④ 두엔
베트남

⑤ 왕웨이
중국

⑥ 김지아
한국

2 친구들한테 자신의 이름하고 나라를 이야기해 봐요.
Tell your partners your name and nationality.

4

다니엘 씨, 독일 사람이에요?

네, 독일 사람이에요.

미아 씨, 미국 사람이에요?

아니요, 영국 사람이에요.

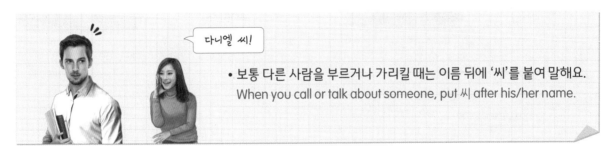

다니엘 씨!

• 보통 다른 사람을 부르거나 가리킬 때는 이름 뒤에 '씨'를 붙여 말해요.
When you call or talk about someone, put 씨 after his/her name.

1 다음과 같이 이야기해 봐요.
Practice with your partner as shown below.

가 웨이 씨예요?
나 네, 웨이예요.

가 일본 사람이에요?
나 아니요, 저는 중국 사람이에요.

웨이, 일본 사람

①

김지아, 한국 사람

②

다니엘, 미국 사람

③

나쓰미, 일본 사람

④

두엔, 태국 사람

⑤

제시카, 칠레 사람

⑥

아흐마드, 프랑스 사람

2 친구들의 이름하고 나라를 알아요? 친구하고 이야기해 봐요.
Do you know the names and nationalities of your partners? Ask each other and respond.

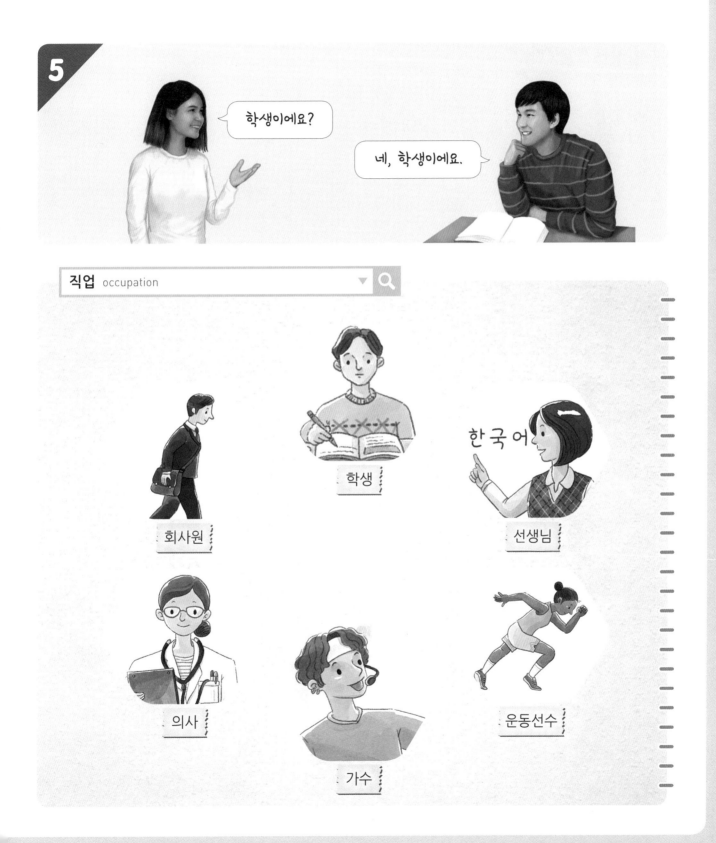

5

학생이에요?

네, 학생이에요.

직업 occupation

회사원

학생

선생님

의사

가수

운동선수

1 다음과 같이 이야기해 봐요.
Practice with your partner as shown below.

가 학생이에요?
나 네, 학생이에요.

가 선생님이에요?
나 아니요, 운동선수예요.

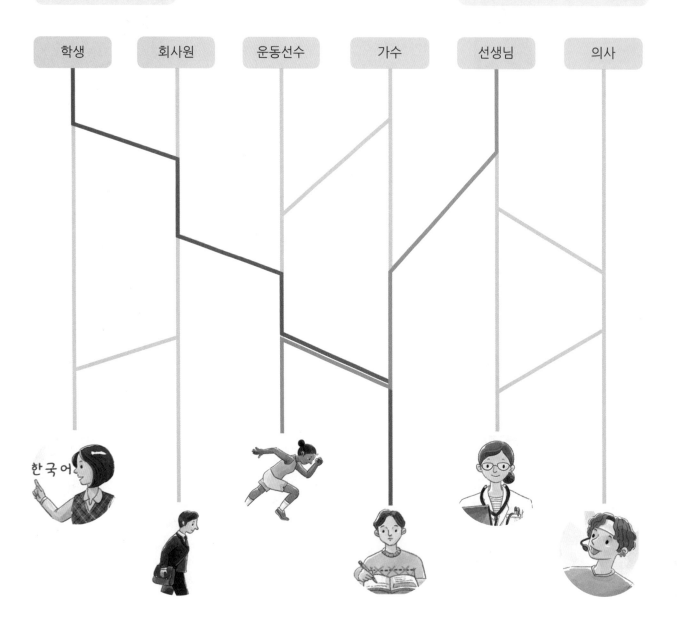

학생   회사원   운동선수   가수   선생님   의사

2 다음과 같이 이야기해 봐요.
Practice with your partner as shown below.

①

가 직업이 무엇이에요?

나 저는 의사예요.

②

③

④

⑤

• 직업을 물어볼 때는 이렇게 말해요.
It is used when asking about someone's occupation.
'직업이 무엇이에요?'

3 친구의 직업을 알아요? 친구하고 이야기해 봐요.
Do you know your partner's occupation? Ask each other and respond.

한 번 더 연습해요 Let's practice again

1 다음 대화를 들어 보세요.
Listen to the conversation.

1) 두 사람의 이름이 무엇이에요?
   What are their names?

2) 남자는 어느 나라 사람이에요?
   Where is he from?

3) 두 사람은 지금 무엇을 해요?
   What are they doing now?

2 다음 대화를 연습해 보세요.
Practice the conversations below with your partner.

 안녕하세요? 저는 김지아예요.

안녕하세요? 저는 다니엘이에요.

 어느 나라 사람이에요?

저는 독일 사람이에요.
지아 씨, 학생이에요?

 네, 학생이에요.

3 여러분도 이야기해 보세요.
Ask each other questions and respond.

1)

최슬기

한국

나

아흐마드

사우디아라비아

2) 가

류헤이

회사원

나

제시카

선생님

3) 가

나탈리

브라질

의사

나

이종국

한국

운동선수

이제 해 봐요 Let's try

들어요 **1** 다음은 처음 만난 두 사람의 대화입니다. 잘 듣고 질문에 답해 보세요. **013**
The conversation is between two people who are meeting each other for the first time. Listen carefully and answer the questions.

1) 어느 나라 사람이에요?
Where are they from?

타넷

☐ 태국 ☐ 베트남

빅토리아

☐ 미국 ☐ 영국

2) 직업이 무엇이에요?
What do they do for a living?

타넷

☐ 의사 ☐ 학생

빅토리아

☐ 학생 ☐ 회사원

 읽어요 **1** 자기소개 글을 읽고 질문에 답해 보세요.
Read the self-introduction and answer the questions.

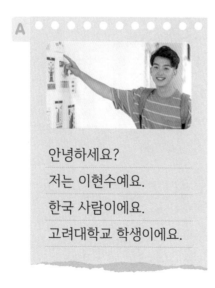

안녕하세요?
저는 이현수예요.
한국 사람이에요.
고려대학교 학생이에요.

저는 노엘라 그린이에요.
프랑스 사람이에요.
저는 가수예요.
만나서 반갑습니다.

1) 이름이 무엇이에요? What is his/her name?

A

B

2) 어느 나라 사람이에요? Where is he/she from?

A

B

3) 학생이에요? Is he/she a student?

A

B

1 친구들하고 인사해 보세요.

Introduce yourself to your partners and ask each other questions.

말해요

1) 무엇을 이야기해요? 생각해 보세요.
   What do you want to talk about? Think about it.

2) 친구하고 이야기하세요.
   Ask each other questions and respond.

써요

1 자기소개 글을 써 보세요.
Write a self-introduction.

1) 무엇을 써요? 메모하세요.
What do you want to write about? Write down some keywords.

2) 메모한 내용을 문장으로 쓰세요.
Put the words into sentences.

이름	저는 마이클이에요.
나라	저는 미국 사람이에요.
직업	

3) 위의 내용을 바탕으로 글을 쓰세요.
Based on the sentences, write a passage.

문화 어서 오세요! 한국 Welcome to Korea!

● 여러분은 한국을 알아요? 한국에 가 봤어요? 한국은 어디에 있을까요?
Do you know Korea? Have you ever been to Korea? Where is Korea located?

아시아

한국

 The official name of Korea is the Republic of Korea. It is commonly called South Korea in other countries. It occupies the southern part of the Korean peninsula in Northeast Asia.
China and Japan are located to the west and east of the Korean peninsula, respectively. South Korea's capital city is Seoul.

● 한국 사람은 무슨 말을 해요?
What language do Koreans speak?

 The Korean language is the common language spoken in Korea. Koreans use Hangeul as their writing system.

● 여러분 나라에서는 어떤 말을 해요? 그리고 어떤 글자를 사용해요?
What language is spoken in your country? What is the writing system used in your country?

자기 평가
Self-Check

이번 과 공부는 어땠어요? 별점을 매겨 보세요!
How was this lesson? Please rate it.

처음 만난 사람과 인사를 할 수 있어요?

2

일상생활 I

Daily Life I

생각해 봐요 Let's think 021

1 웨이 씨는 무엇을 해요?
What is Wei doing?

2 여러분은 무엇을 해요?
What are you doing?

학습 목표 Learning Objectives

무엇을 하는지 묻고 답할 수 있다.
You can ask what you do and respond.

● 동작, 물건
● 을/를, -아요/어요/여요

1

무엇을 해요?

운동해요.

동작 action

가 무엇을 해요?
나 써요.

2 무엇을 해요? 친구하고 이야기해 봐요.
What do you do? Ask each other and respond.

무엇이에요?

책이에요.

물건 objects

- 책
- 공책
- 볼펜
- 가방
- 옷
- 텔레비전
- 물
- 우유
- 커피
- 과자
- 휴대폰
  핸드폰
- 빵
- 우산

• 텔레비전은 일상 대화에서 티브이(TV)로도 많이 말해요.
In casual conversations, we usually say 티브이(TV) for 텔레비전.

1 다음과 같이 이야기해 봐요.
Practice with your partner as shown below.

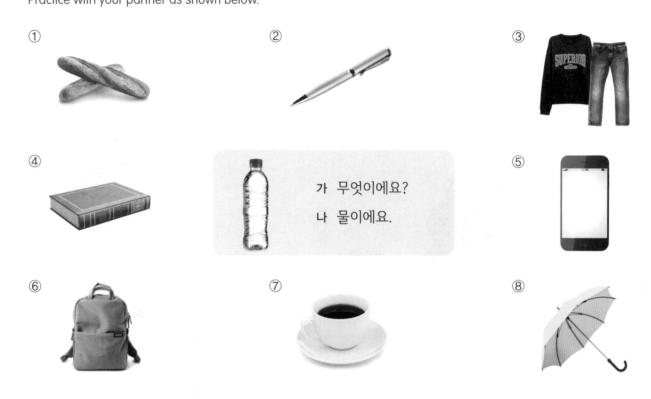

① ② ③

④ 가 무엇이에요?
　 나 물이에요.

⑤

⑥ ⑦ ⑧

2 친구하고 물건 이름을 묻고 대답해 봐요.
With your partner, ask and answer the questions about the names of objects.

3

무엇을 먹어요?

과자를 먹어요.

1) 가 무엇을 사요?

　나 우유를 사요.

2) 가 무엇을 해요?

　나 영화를 봐요. → movie

3) 가 책을 읽어요?

　나 아니요, 음악을 들어요.

　　→ music

4) 가 무엇을 해요?

　나 공부를 해요.

• '공부해요'는 '공부를 해요'로도 말할 수 있어요.
공부해요 can also be said as 공부를 해요.

을/를 ▼ 🔍

• 문장의 목적어임을 나타낸다.
It is a particle that indicates the object of a sentence.

받침이 있을 때	을	물을
받침이 없을 때	를	우유를

1 무엇을 사요? 이야기해 봐요.
What do you buy? Ask each other and respond.

① ② ③ ④

⑤ ⑥ ⑦ ⑧

2 다음과 같이 이야기해 봐요.
Practice with your partner as shown below.

가 무엇을 해요?

나 우유를 사요.

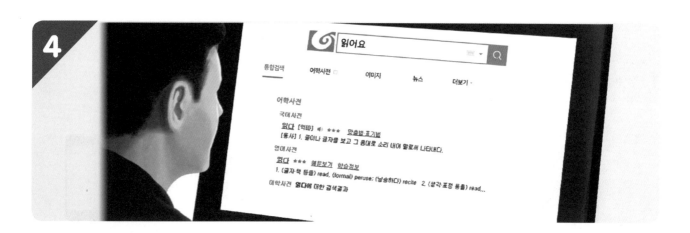

1) 가 과자를 먹어요?

　　나 아니요, 빵을 먹어요.

2) 가 오늘 무엇을 해요?

　　나 친구를 만나요.

3) 가 음악을 들어요?

　　나 아니요, 책을 읽어요.

- 한국어의 동사와 형용사는 기본형의 어간에 활용형 어미를 붙여 사용한다.
  Verbs and adjectives in Korean are made by adding a suffix to a stem.
  읽다 → 읽어요

- '-아요/어요/여요'는 문장을 끝맺는 기능을 한다. 일상적이고 비격식적인 상황에서 사용한다.
  -아요/어요/여요 is an ending used in informal conversations.

'ㅏ/ㅗ'일 때	-아요	살아요 놀아요
'ㅏ/ㅗ'가 아닐 때	-어요	먹어요 읽어요
'하다'일 때	-여요	하여요 ➡ 해요

1 다음을 연결해 봐요.
Match each word with the corresponding statement.

dictionary

놀다 [놀다]　　　　　•　　　　　•　봐요

먹다 [먹따]　　　　　•　　　　　•　먹어요

보다 [보다]　　　　　•　　　　　•　만나요

만나다 [만나다]　　•　　　　　•　놀아요

2 다음과 같이 이야기해 봐요.
Practice with your partner as shown below.

놀다	먹다	말하다
가 놀아요? 나 네, 놀아요.	가 먹어요? 나 네, 먹어요.	가 말해요? 나 네, 말해요.

① 살다 ↪ live　　　① 읽다　　　① 공부하다

② 가다　　　　　　② 쉬다　　　② 운동하다

③ 보다　　　　　　③ 듣다　　　③ 전화하다

④ 오다　　　　　　④ 마시다　　④ 일하다

3 다음과 같이 이야기해 봐요.
Practice with your partner as shown below.

가 텔레비전을 봐요?
나 네, 텔레비전을 봐요.

음악을 듣다

가 음악을 들어요?
나 아니요, 텔레비전을 봐요.

① 책을 읽다

② 우유를 마시다

③ 음악을 듣다

④ 옷을 사다

⑤ 빵을 먹다

⑥ 운동을 하다

⑦ 친구하고 놀다

- '하고'는 함께 함을 나타내요.
하고 is a particle used to mean doing something with someone.
친구하고 이야기해요.

4 여러분은 오늘 무엇을 해요? 친구하고 이야기해 봐요.
What are you doing today? Ask each other and respond.

한 번 더 연습해요 Let's practice again

1 다음 대화를 들어 보세요.
Listen to the conversation.

1) 지아 씨는 오늘 무엇을 해요?
   What does Jia do today?

2) 웨이 씨는 운동을 해요?
   Does Wei exercise?

2 다음 대화를 연습해 보세요.
Practice the conversations below with your partner.

 지아 씨, 오늘 무엇을 해요?

친구를 만나요.
웨이 씨는 무엇을 해요?

 저는 운동을 해요.

3 여러분도 이야기해 보세요.
Ask each other questions and respond.

1)

| 가 | 한국어, 공부하다 | 나 | 친구, 만나다 |

2)

| 가 | 옷, 사다 | 나 | 쉬다 |

3)

| 가 | 친구하고 놀다 | 나 | 일하다 |

이제 해 봐요 Let's try

들어요

1 다음은 두 사람의 대화입니다. 잘 듣고 질문에 답해 보세요.
Listen carefully to a conversation between two people and answer the questions.

1) 카밀라 씨는 무엇을 해요?
What does Camila do?

①  ②  ③  ④

2) 다니엘 씨는 무엇을 마셔요?
What does Daniel drink?

①   ②  ③

말해요

1 여러분은 오늘 무엇을 해요? 친구하고 이야기해 보세요.
What do you do today? Ask each other and respond.

1) 무엇을 해요? 생각해 보세요.
What do you do? Think about it.

2) 친구하고 이야기하세요.
Ask each other and respond.

읽어요

1 다음은 미아 왓슨 씨의 글입니다. 잘 읽고 질문에 답해 보세요.
This is a passage written by Mia Watson. Read carefully and answer the questions.

저는 미아 왓슨이에요. 학생이에요. 저는 오늘 친구를 만나요. 친구하고 공부를 해요.

커피를 마셔요.

1) 미아 씨는 무엇을 해요? 모두 고르세요.
What does Mia do? Choose all the correct answers.

2) 미아 씨의 직업이 무엇이에요?
What does Mia do for a living?

써요

1 오늘 무엇을 해요? 써 보세요.
What do you do today? Write about them.

1) 무엇을 해요? 메모하세요.
What do you do? Write some keywords.

2) 메모한 내용을 바탕으로 글을 쓰세요.
Based on the keywords, write a passage.

발음 연음 1 Linking sounds 1

● 밑줄 친 부분의 발음에 주의하면서 다음을 들어 보세요. (024)
Listen carefully to the sentences below, particularly to the pronunciation of the underlined parts.

1)
> 가 <u>직업이</u> <u>무엇이에요?</u>
>
> 나 저는 <u>회사원이에요.</u>

2)
> 가 <u>무엇을</u> 해요?
>
> 나 <u>음악을</u> <u>들어요.</u>

 When a vowel comes after the final consonant of a syllable, the final consonant replaces the first sound of the following syllable.

● 다음을 읽어 보세요.
Read the sentences below.

> 1) 독일 사람이에요.
>
> 2) 선생님이 가요.
>
> 3) 빵을 먹어요.
>
> 4) 공책을 줘요.
>
> 5) 이름이 무엇이에요?
>
> 6) 저는 이종국이에요.

● 들으면서 확인해 보세요. (025)
Listen and check the pronunciation.

자기 평가
Self-Check

이번 과 공부는 어땠어요? 별점을 매겨 보세요!
How was this lesson? Please rate it.

| 무엇을 하는지 묻고 답할 수 있어요? | ☆☆☆☆☆ |

3

일상생활 II
Daily Life II

생각해 봐요 Let's think (031)

1 두엔 씨는 한국어 공부가 어때요?
How are Duen's Korean language studies going?

2 여러분은 한국어 공부가 어때요?
How are your Korean language studies going?

학습 목표 Learning Objectives

무엇이 어떤지 묻고 답할 수 있다.
You can ask and answer the questions about conditions.

● 상태, 학교
● 이/가, 한국어의 문장 구조

배워요 Let's learn

1

어때요?

멋있어요.

상태 conditions

재미있다   재미없다

맛있다   맛없다

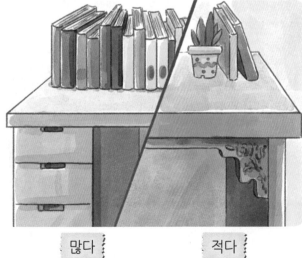

많다   적다

크다   작다

좋다 나쁘다 싸다 비싸다

쉽다 어렵다 예쁘다 멋있다

아프다 바쁘다 있다 없다

- '어때요?'로 물으면 '있어요', '없어요'로는 대답할 수 없어요.
  When asked 어때요, we do not answer with 있어요 or 없어요.

1 다음과 같이 이야기해 봐요.
Practice with your partner as shown below.

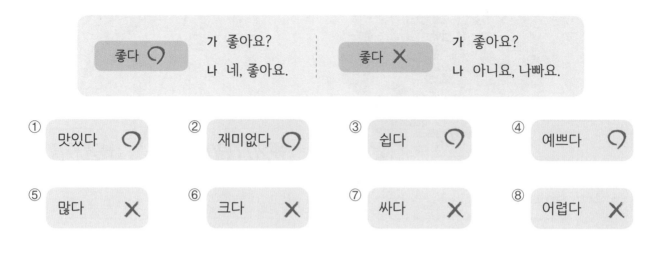

① 맛있다 ⌒
② 재미없다 ⌒
③ 쉽다 ⌒
④ 예쁘다 ⌒

⑤ 많다 ✕
⑥ 크다 ✕
⑦ 싸다 ✕
⑧ 어렵다 ✕

2 어때요? 친구하고 이야기해 봐요.
How is it? Ask each other and answer.

① 한국어 공부
② 선생님
③ 학교
④

티브이가 재미있어요?

네, 재미있어요.

1) 가 한국어 책이 많아요?
   나 네, 한국어 책이 많아요.

2) 가 학교가 어때요?
   나 학교가 정말 커요.
   └→ really

3) 가 오늘 지아 씨가 와요?

　　나 아니요, 하준 씨가 와요.

4) 가 무엇이 맛있어요?

　　나 과자가 맛있어요.

● 문장의 주어임을 나타낸다.

It is a particle that indicates the subject of a sentence.

받침이 있을 때	이	학생이
받침이 없을 때	가	한국어 공부가

1 다음과 같이 이야기해 봐요.
Practice with your partner as shown below.

① 작다

② 맛없다

③ 크다

④ 멋있다

⑤ 아프다

⑥ 예쁘다

비싸다

가 휴대폰이 어때요?

나 휴대폰이 비싸요.

2 여러분의 휴대폰, 가방, 한국어 책이 어때요? 친구하고 이야기해 봐요.
How is your cellular phone, bag, and Korean language book? Ask each other and respond.

학교 school ▾ 🔍

교실   사무실   화장실

1 무엇이 어때요? 다음과 같이 이야기해 봐요.
How are the items below? Practice with your partner as shown below.

① ② ③ ④ ⑤

크다   나쁘다   예쁘다   재미없다   비싸다   많다

가 시계가 어때요?
나 시계가 커요.
- -
가 시계가 어때요?
나 시계가 비싸요.

our
2 우리 교실이 어때요? 무엇이 많아요? 무엇이 좋아요?
How is our classroom? What are there a lot of? What do you like?

3 여러분은 무엇이 많아요? 무엇이 적어요? 친구하고 이야기해 봐요.
What do you have a lot of? What do you have a little/few of? Ask each other and respond.

---

4 한국어의 문장 구조 Korean sentence structure ▼ 🔍

- 한국어는 명사 뒤에 붙는 '이/가', '을/를'과 같은 조사와 동사, 형용사 뒤에 붙는 '-아요/어요/여요'와 같은 어미가 문장을 형성하는 기능을 한다.
  Particles 이/가, 을/를 attached to nouns and suffixes -아요/어요/여요 attached to verbs, and adjectives work to form a sentence in Korean.

- 한국어의 문장은 주어가 문장의 앞에, 서술어가 문장의 끝에 오는 주어 – 목적어 – 서술어의 순서로 구성된다.
  Korean sentences begin with a subject and end with a verb, consisting of a subject + object + verb structure.

① | 명사+이/가 | 형용사 | | 가방이 작아요.
   | 주어 | 서술어 | | 친구가 많아요.

② | 명사+이/가 | (자)동사 | | 다니엘 씨가 자요.
   | 주어 | 서술어 | | 선생님이 쉬어요.

③ | 명사+이/가 | 명사+을/를 | (타)동사 | 다니엘 씨가 친구를 만나요.
   | 주어 | 목적어 | 서술어 | 선생님이 책을 읽어요.

---

1) 가 텔레비전이 재미있어요?

   나 네, 텔레비전이 재미있어요.

2) 가 한국어 공부가 어려워요?

   나 아니요, 한국어 공부가 쉬워요.

3) 가 카밀라 씨가 무엇을 해요?

   나 전화를 해요.

4) 가 지금 웨이 씨가 음악을 들어요? → now

   나 아니요, 두엔 씨가 음악을 들어요. 웨이 씨는 자요.

1 다음과 같이 문장을 만들고 친구하고 이야기해 봐요.
Make sentences as shown below and practice them with your partner.

웨이 씨	컴퓨터
카밀라 씨	옷
친구	가방
선생님	돈
⋮	음악
	한국어 책
	⋮

사다	많다
만나다	크다
보다	비싸다
주다	어렵다
듣다	좋다
전화하다	재미있다
자다	예쁘다
쉬다	바쁘다
⋮	⋮

한국어 책 이 재미있어요 .
가 한국어 책이 어때요?
나 한국어 책이 재미있어요.

웨이 씨 가 가방 을 사요 .
가 웨이 씨가 무엇을 해요?
나 웨이 씨가 가방을 사요.

① _____ 이/가 _____ .

② _____ 이/가 _____ .

③ _____ 이/가 _____ .

④ _____ 이/가 _____ .

⑤ _____ 이/가 _____ .

⑥ _____ 이/가 _____ 을/를 _____ .

⑦ _____ 이/가 _____ 을/를 _____ .

⑧ _____ 이/가 _____ 을/를 _____ .

2 교실 물건이 어때요? 친구가 무엇을 해요? 그림을 보고 이야기해 봐요.
How are the objects in the classroom? What does he/she do? Look at the picture and talk about them.

3 여러분 교실의 물건이 어때요? 친구가 무엇을 해요? 친구하고 이야기해 봐요.
How are the objects in your classroom? What does your partner do? Ask each other and respond.

한 번 더 연습해요 Let's practice again

1 다음 대화를 들어 보세요.
Listen to the conversation.

1) 웨이 씨는 지금 무엇을 해요?
   What is Wei doing now?

2) 카밀라 씨는 오늘 무엇을 해요?
   What does Camila do today?

2 다음 대화를 연습해 보세요.
Practice the conversations below with your partner.

 웨이 씨, 지금 무엇을 해요?

영화를 봐요.

 영화가 어때요?

재미있어요.
카밀라 씨는 오늘 무엇을 해요?

 친구를 만나요.

3 여러분도 이야기해 보세요.
Ask each other questions and respond.

1) 가 운동, 하다 　 나 한국어 공부, 하다 　 쉽다

2) 가 휴대폰, 사다 　 나 과자, 먹다 　 맛있다

3) 가 친구하고 놀다 　 나 한국 음악, 듣다 　 좋다

이제 해 봐요 Let's try

들어요

1 다음은 두 사람의 대화입니다. 잘 듣고 질문에 답해 보세요.
Listen carefully to a conversation between two people and answer the questions.

1) 웨이 씨는 오늘 무엇을 해요?
   What does Wei do today?

①

②

③

2) 들은 내용과 같으면 ○, 다르면 ✕에 표시하세요.
   Mark ○ if the statement is true and ✕ if the statement is false.

① 웨이 씨는 한국 친구가 적어요.   ✕

② 두엔 씨는 한국 친구가 없어요.   ✕

말해요

1 여러분은 오늘 무엇을 해요? 친구하고 이야기해 보세요.
What do you do today? Ask each other and respond.

1) 여러분은 오늘 무엇을 해요? 어때요? 생각해 보세요.
   What do you do today? How are you today? Think about it.

2) 우리 반 친구들은 무엇을 해요? 어때요? 친구하고 이야기하세요.
   What do your partners do today? How are they today? Ask each other and respond.

읽어요

1 다음은 친구들의 일기입니다. 잘 읽고 질문에 답해 보세요.
Read the diary entries carefully and answer the questions.

나쓰미	저는 오늘 친구를 만나요. 친구하고 커피를 마셔요.
다니엘	저는 회사원이에요. 오늘 일이 많아요. 바빠요.
무함마드	저는 휴대폰이 없어요. 오늘 휴대폰을 사요.

1) 나쓰미 씨는 오늘 무엇을 해요?
   What does Natsumi do today?

① 일을 해요.   ② 학교에 가요.   ③ 친구를 만나요.

2) 다니엘 씨는 오늘 어때요?
   How is Daniel today?

3) 무함마드 씨는 오늘 무엇을 사요?
   What does Muhammad buy today?

①    ②    ③

1 여러분도 일기를 써 보세요.

Write a diary entry.

1) 여러분은 오늘 무엇을 해요? 생각해 보세요.

What do you do today? Think about it.

2) 생각한 내용을 바탕으로 글을 쓰세요.

Based on your thoughts, write a passage.

써요

발음 연음 2 Linking sounds 2

● 밑줄 친 부분의 발음에 주의하면서 다음을 들어 보세요.
Listen carefully to the sentences below, particularly to the pronunciation of the underlined parts.

1)
가 한국 친구가 있어요?
나 아니요, 없어요.

2)
가 무엇을 해요?
나 책을 읽어요.

When final double consonants like /ㄴㅈ/, /ㄹㄱ/, /ㄹㅂ/, /ㅄ/ of a syllable are followed by a vowel, the first consonant of the double consonants is pronounced as the final sound of the syllable, and the second consonant of the double consonants replaces the first sound of the following syllable.

● 다음을 읽어 보세요. Read the sentences below.

1) 지우개가 없어요.
2) 텔레비전이 재미없어요.
3) 책을 읽으세요.
4) 여기 앉으세요.
5) 달이 밝아요.
6) 교실이 넓어요.

● 들으면서 확인해 보세요. Listen and check the pronunciation.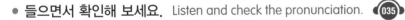

4

장소

Places

💡 생각해 봐요 Let's think 🎧 041

1 카밀라 씨는 지금 어디에 가요?
Where is Camila going now?

2 여러분은 오늘 어디에 가요?
Where are you going today?

🚲 학습 목표 Learning Objectives

어디에서 무엇을 하는지 묻고 답할 수 있다.
You can ask and answer the questions about where and what you are doing.

● 장소
● 에 가다, 에서, 지시 표현[이, 그, 저]

배워요 Let's learn

1

어디에 가요?

학교에 가요.

1) 가 어디에 가요?
   나 화장실에 가요.

2) 가 교실에 가요?
   나 아니요, 사무실에 가요.

에 가다 ▼ 🔍

- 목적지로의 이동을 나타낸다.
  It is used to indicate going to a destination.

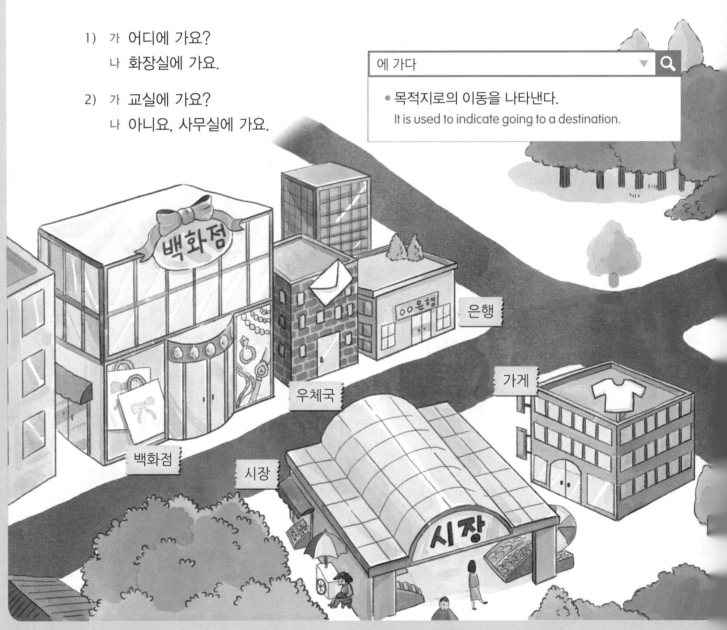

백화점

우체국

은행

가게

백화점

시장

시장

공항

영화관

식당

약국

카페

병원

공원

편의점

회사

학교

도서관

집

1 다음과 같이 이야기해 봐요.
Practice with your partner as shown below.

가 어디에 가요?
나 식당에 가요.

①

②

③

④

⑤

⑥

⑦

⑧

⑨

⑩

⑪

⑫

2 오늘 어디에 가요? 친구하고 이야기해 봐요.
Where are you going today? Ask each other and respond.

무엇을 해요?

카페에서 커피를 마셔요.

1) 가 웨이 씨, 어디에 가요?
　　나 친구 집에 가요. 친구 집에서 게임을 해요.

게임을 하다 play games

2) 가 어디에서 옷을 사요?
　　나 옷 가게에서 옷을 사요.

3) 가 지금 무엇을 해요?
　　나 식당에서 밥을 먹어요.

meal

- '밥을 먹어요'는 음식인 '밥을 먹어요'라는 의미도 있고 '식사를 해요'라는 의미도 있어요.
'밥을 먹어요' means eating rice also means having a meal.

가 지금 밥을 먹어요?
나 네, 라면을 먹어요.

에서　　　　　　　　　　▼　Q

- 어떤 행위가 일어나는 장소임을 나타낸다.
It is a particle that indicates a place or a location where actions occur.

1 다음과 같이 이야기해 봐요.
Practice with your partner as shown below.

가 지금 무엇을 해요?

나 학교에서 한국어를 공부해요.

2 다음과 같이 이야기해 봐요.
Practice with your partner as shown below.

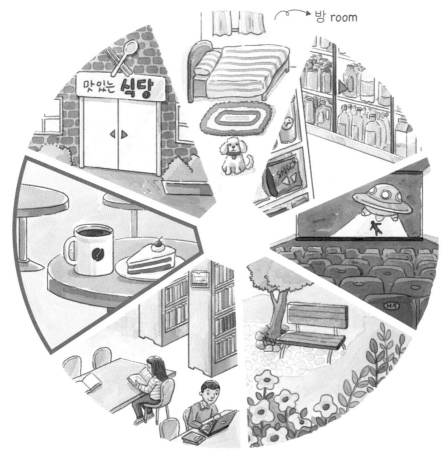

방 room

자다

음악을 듣다

커피를 마시다

쉬다

친구를 만나다

게임을 하다

친구하고 놀다

영화를 보다

일을 하다

물을 사다

책을 읽다

운동을 하다

밥을 먹다

| 가 카페에서 무엇을 해요? | 가 카페에서 무엇을 해요? |
| 나 카페에서 책을 읽어요. | 나 카페에서 친구를 만나요. |

3 여러분은 '공원'에서, '백화점'에서 무엇을 해요? 그리고 '밥을 먹어요', '친구를 만나요'는 어디에서 해요?
What do you do at the park and the department store? Where do you eat and hang out with your friends?

공원?

백화점?

⋮

밥을 먹어요?

친구를 만나요?

⋮

4

이 옷 예뻐요?

네, 예뻐요.

1) 가 이 책 어때요?
   나 재미있어요.

2) 가 저 사람 [알아요]? → 알다 know
   나 네, 우리 선생님이에요.

3) 가 여기에서 무엇을 해요?
   나 음악을 들어요. 저는 음악을 [좋아해요]. → 좋아하다 like

4) 가 어디에 가요?
   나 명동에 가요.
   가 거기에서 무엇을 해요?
   나 [쇼핑해요].
   → 쇼핑하다 go shopping

지시 표현[이, 그, 저] Demonstratives 🔍

- '이 책, 그 사람, 저 식당'과 같이 '이, 그, 저 + 명사'의 형태로 쓰여 사물이나 사람, 장소를 지시한다.

  이, 그, 저 are demonstrative adjectives used in front of the noun to indicate an object, person, or place, such as 이 책, 그 사람, 저 식당.

- '이'는 화자에게 가까운 경우, '그'는 청자에게 가까운 경우, '저'는 화자와 청자에게서 모두 먼 경우에 사용한다.

  이 is used when the object is closer to the speaker while 그 is used when it is closer to the listener from the view of the speaker and 저 is used when the object is far away from both the speaker and listener.

1 다음과 같이 이야기해 봐요.
Practice with your partner as shown below.

가 그 빵 어때요?
나 맛있어요.

①

가 [   ] 누구예요?
나 마이클 씨예요.

②

가 [   ] 비싸요?
나 아니요, 싸요.

③

가 [   ] 무엇을 해요?
나 책을 읽어요.

④

가 [   ] 무엇을 해요?
나 쉬어요.

⑤

가 어디에서 친구를 만나요?

나 [＿＿＿＿＿＿＿＿] 만나요.

⑥

가 어디에 가요?

나 시장에 가요.

가 [＿＿＿＿＿＿＿＿] 무엇을 해요?

나 옷을 사요.

2 교실에 무엇이 있어요? 어때요? 다음과 같이 친구하고 이야기해 봐요.
What items are there in your classroom? How are they? Practice with your partner as shown below.

가 이 볼펜 어때요?
나 좋아요.

가 저 시계 어때요?
나 커요.

3 오늘 어디에 가요? 거기에서 무엇을 해요? 친구하고 이야기해 봐요.
Where are you going today? What are you going there? Ask each other and respond.

한 번 더 연습해요 Let's practice again

1 다음 대화를 들어 보세요. Listen to the conversation.

1) 카밀라 씨는 오늘 어디에 가요?
   Where is Camila going today?

2) 하준 씨는 오늘 무엇을 해요?
   What is Hajun doing today?

2 다음 대화를 연습해 보세요. Practice the conversations below with your partner.

 카밀라 씨, 오늘 어디에 가요?

백화점에 가요.

거기에서 무엇을 해요?

안경을 사요.
하준 씨는 오늘 무엇을 해요?

 저는 공항에 가요.
공항에서 친구를 만나요.

3 여러분도 이야기해 보세요. Ask each other questions and respond.

1)

| 가 | 영화관 | 영화, 보다 | 나 | 백화점 | 가방, 사다 |

2)

| 가 | 공원 | 친구, 놀다 | 나 | 도서관 | 한국어, 공부하다 |

3)

| 가 | 집 | 쉬다 | 나 | 회사 | 일, 하다 |

이제 해 봐요 Let's try

들어요

1 다음은 두 사람의 대화입니다. 잘 듣고 질문에 답해 보세요.

Listen carefully to a conversation between two people and answer the questions.

1) 두 사람은 어디에 가요?
   Where do they go?

웨이		두엔	

2) 웨이 씨는 오늘 무엇을 해요?
   What does Wei do today?

①    ②    ③    ④

읽어요

1 다음은 카밀라 씨의 글입니다. 잘 읽고 질문에 답해 보세요.

This is a passage written by Camila. Read carefully and answer the questions.

> 저는 카페에 가요. 거기에서 커피를 마셔요. 커피가 맛있어요. 저는 커피를 좋아해요.
> 카페에서 음악을 들어요. 친구를 만나요. 친구하고 한국어를 공부해요.

1) 카밀라 씨는 어디에 가요?
   Where does Camila go?

2) 그곳에서 카밀라 씨는 무엇을 해요? 모두 고르세요.
What does Camila do there? Choose all the correct answers.

말해요

1 여러분은 오늘 어디에 가요? 친구하고 이야기해 보세요.
Where are you going today? Ask each other and respond.

1) 어디에 가요? 거기에서 무엇을 해요? 생각해 보세요.
Where do you go? What do you do there? Think about it.

2) 친구하고 이야기하세요.
Ask each other and respond.

1 여러분은 보통 어디에 가요? 글을 써 보세요.

Where do you usually go? Write about it.

1) 보통 어디에 가요? 거기에서 무엇을 해요? 메모하세요.

Where do you usually go? What do you do there? Write some keywords.

어디에 가요?

어때요?

무엇을 해요?

2) 메모한 내용을 바탕으로 글을 쓰세요.

Based on the keywords, write a passage.

_____

_____

_____

_____

문화 한국 구경을 떠나 볼까요? Let's explore Korea!

- 여러분은 한국의 어디 어디를 알아요? 한국의 대표 도시를 알아볼까요?
  What places in Korea do you know? Let's explore representative cities in Korea.

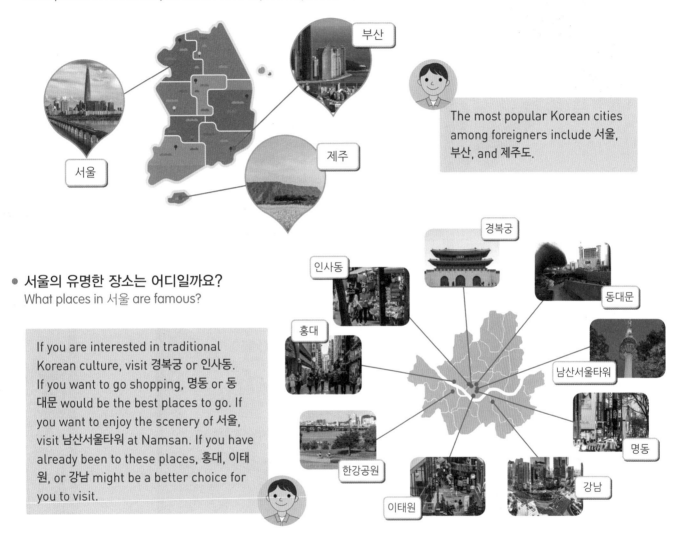

The most popular Korean cities among foreigners include 서울, 부산, and 제주도.

- 서울의 유명한 장소는 어디일까요?
  What places in 서울 are famous?

If you are interested in traditional Korean culture, visit 경복궁 or 인사동. If you want to go shopping, 명동 or 동대문 would be the best places to go. If you want to enjoy the scenery of 서울, visit 남산서울타워 at Namsan. If you have already been to these places, 홍대, 이태원, or 강남 might be a better choice for you to visit.

- 여러분 나라의 유명한 곳은 어디예요? 소개해 보세요.
  What places are famous in your country? Introduce the famous places in your country to your partners.

이번 과 공부는 어땠어요? 별점을 매겨 보세요!
How was this lesson? Please rate it.

자기 평가
Self-Check

| 어디에서 무엇을 하는지 묻고 답할 수 있어요? |  |

우유 · 음료수 · 김밥 · 샌드위치

5

물건 사기
Buying Things

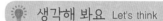
생각해 봐요 Let's think 051

1 여기는 어디예요?
Where is this place?

2 여러분은 편의점에서 무엇을 사요?
What do you buy at a convenience store?

 학습 목표 Learning Objectives

물건을 살 수 있다.
You can buy things.

- 가게 물건, 고유어 수, 한자어 수
- 이/가 있다/없다
- 물건 사기

배워요 Let's learn

가게 물건 items at a store

커피　콜라　주스　우유　물

초콜릿　빵

아이스크림

라면　과자　사탕　김밥

칫솔　비누

치약　샴푸　휴지

1 다음과 같이 이야기해 봐요.
Practice with your partner as shown below.

가 무엇을 사요?
나 과자를 사요.

①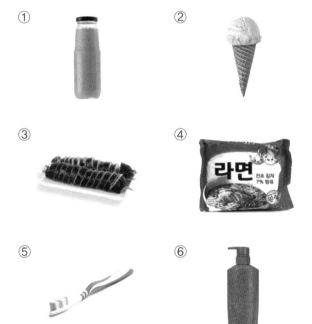

②

③

④

⑤

⑥

2 다음과 같이 이야기해 봐요.
Practice with your partner as shown below.

가 무엇을 사요?
나 칫솔하고 휴지를 사요.

- 두 개의 명사를 나열할 때 '하고'를 사용해요.
하고 is a particle used to enumerate two or more objects.
라면하고 콜라를 사요.

3 여러분은 오늘 무엇하고 무엇을 사요? 친구하고 이야기해 봐요.
What will you buy today? Ask each other and respond.

2

치약이 있어요?

네, 치약이 있어요.

1) 가 김밥이 있어요?
   나 아니요, 김밥이 없어요.

2) 가 무엇이 있어요?
   나 커피가 있어요.

3) 가 한국 친구가 [많이] 있어요? → many/much
   나 아니요, [조금] 있어요.
   → some/little

이/가 있다/없다 ▼ 🔍
• 어떤 사물이나 사람, 일의 유무를 나타낸다.
It indicates the existence or non-existence of a thing, person, or condition.

1 다음과 같이 이야기해 봐요. Practice with your partner as shown below.

①

②

가 무엇이 있어요?
나 빵이 있어요.

③

④

⑤

⑥

⑦

⑧

2 다음과 같이 이야기해 봐요. Practice with your partner as shown below.

가 라면이 있어요?	가 과자가 있어요?
나 네, 라면이 있어요.	나 아니요, 과자가 없어요.

3 친구는 있어요? 없어요? 친구하고 이야기해 봐요.
Does your partner have any of the things listed below or not? Ask each other and respond.

우산이 몇 개 있어요?

한 개 있어요.

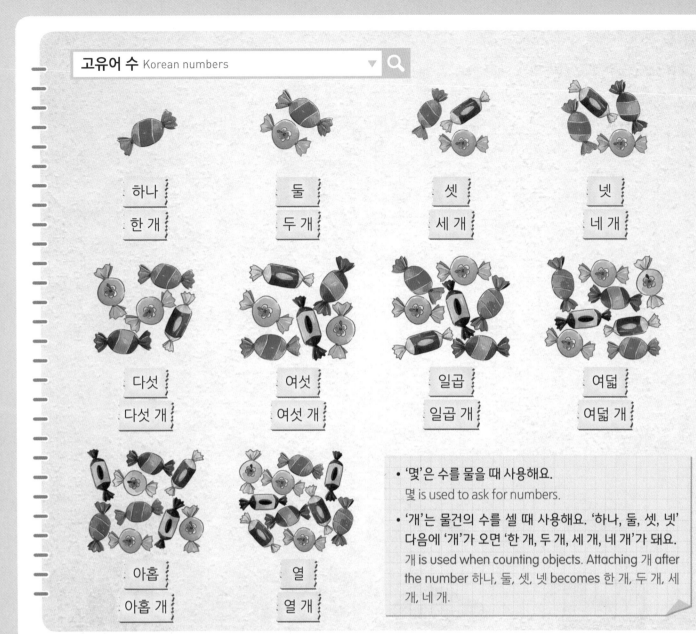

하나	둘
한 개	두 개

셋	넷
세 개	네 개

다섯	여섯	일곱	여덟
다섯 개	여섯 개	일곱 개	여덟 개

아홉	열
아홉 개	열 개

- '몇'은 수를 물을 때 사용해요.
  몇 is used to ask for numbers.
- '개'는 물건의 수를 셀 때 사용해요. '하나, 둘, 셋, 넷' 다음에 '개'가 오면 '한 개, 두 개, 세 개, 네 개'가 돼요.
  개 is used when counting objects. Attaching 개 after the number 하나, 둘, 셋, 넷 becomes 한 개, 두 개, 세 개, 네 개.

1 다음과 같이 이야기해 봐요.
Practice with your partner as shown below.

① ②

가 사탕을 몇 개 사요?
나 사탕을 한 개 사요.

③ ④ ⑤ ⑥

달걀 / 계란

2 다음과 같이 이야기해 봐요.
Practice with your partner as shown below.

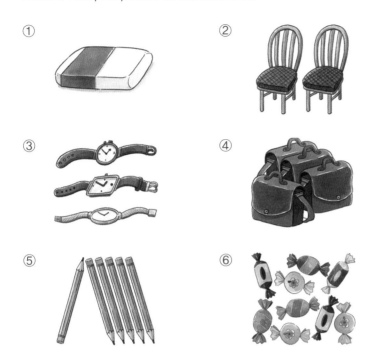

① ② ③ ④ ⑤ ⑥

가 볼펜이 있어요?

나 네, 있어요.

가 볼펜이 몇 개 있어요?

나 한 개 있어요.

3 다음 물건이 있어요? 몇 개 있어요? 친구하고 이야기해 봐요.
Do you have any of the items below? How many of them do you have? Ask each other and respond.

4

얼마예요?

천오백 원이에요.

- '10, 100, 1,000, 10,000, 100,000'은 '십, 백, 천, 만, 십만'으로 읽어요.
  10, 100, 1,000, 10,000, 100,000 read 십, 백, 천, 만, 십만, respectively.

1 다음과 같이 이야기해 봐요.
Practice with your partner as shown below.

① ₩ 500   ② ₩ 1,000   ③ ₩ 3,500

④ ₩ 4,000   ⑤ ₩ 6,500   ⑥ ₩ 7,000

⑦ ₩ 15,000   ⑧ ₩ 90,000   ⑨ ₩ 400,000

₩ 2,500

가 얼마예요?

나 이천오백 원이에요.

2 다음과 같이 이야기해 봐요.
Practice with your partner as shown below.

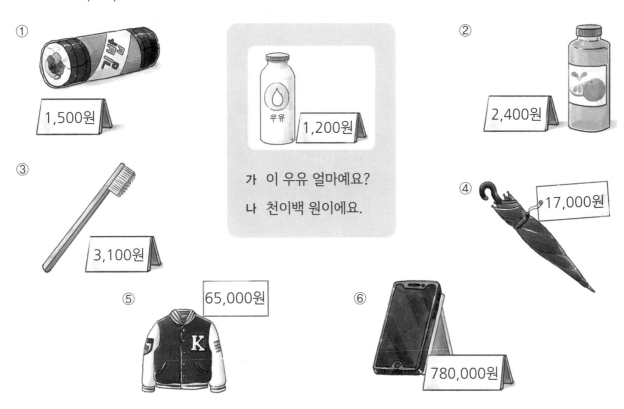

① 1,500원

우유 1,200원

가 이 우유 얼마예요?

나 천이백 원이에요.

② 2,400원

③ 3,100원

④ 17,000원

⑤ 65,000원

⑥ 780,000원

3 친구가 가지고 있는 물건의 가격을 물어봐요.
Ask your partner the prices of the items he/she has.

1 그림을 보고 친구하고 이야기해 봐요.

Look at the pictures and talk about them as shown above with your partner.

- **다음 숫자를 소리 내어 읽어 봐요.**
  Read aloud the numbers below.

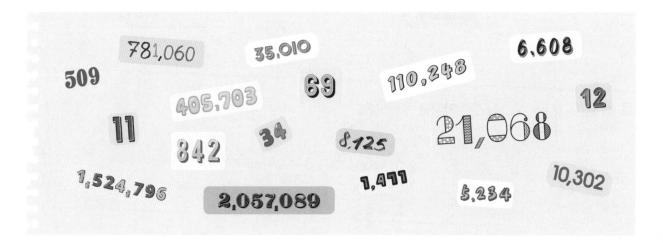

한 번 더 연습해요 Let's practice again

1 다음 대화를 들어 보세요.
Listen to the conversation.

1) 두 사람은 지금 무엇을 해요?
What are they doing now?

2) 여자는 무엇을 몇 개 사요? 얼마예요?
What and how many of them is she buying? How much are they?

2 다음 대화를 연습해 보세요.
Practice the conversations below with your partner.

 어서 오세요. 무엇을 드릴까요?

라면하고 콜라 있어요?

 네, 있어요.

라면 두 개하고 콜라 한 개 주세요.

 여기 있어요.

얼마예요?

 사천이백 원이에요.

3 여러분도 이야기해 보세요.
Ask each other questions and respond.

1) 가 12,600 나 치약 2, 비누 4

2) 가 8,400 나 아이스크림 3, 초콜릿 2

3) 가 23,100 나 휴지 6, 샴푸 1

4) 가 15,700 나 커피 5, 빵 2

이제 해 봐요 Let's try

1 다음은 가게에서의 대화입니다. 잘 듣고 질문에 답해 보세요. **053**
들어요
Listen carefully to a conversation at a store and answer the questions.

1) 무엇을 몇 개 사요?
What and how many of them is the customer buying?

①    ②    ③    ④

2) 얼마예요?
How much are they?

① 3,500원   ② 3,900원   ③ 4,500원   ④ 4,900원

1 다음은 가게에서 물건을 사고 받은 영수증입니다. 잘 읽고 질문에 답해 보세요.
읽어요
The following is a receipt received when buying things at a store. Read carefully and answer the questions.

상품	수량	가격
치약	1	2,500
칫솔	2	4,000
휴지	6	12,000
합계		18,500

1) 무엇을 사요?
What was bought?

2) 치약은 한 개에 얼마예요?
How much is toothpaste?

3) 칫솔을 몇 개 사요?
How many toothbrushes were bought?

1 물건을 사는 대화를 해 보세요.
Ask and answer the questions about buying things.

1) 가게에 무엇이 있어요? 무엇을 사고 싶어요? 생각해 보세요.
What things are at the store? What do you want to buy? Think about it.

A 여러분은 손님이에요. 무엇을 몇 개 사고 싶어요? 메모하세요.
Imagine you are the customer. What and how many of them do you want to buy? Write them down.

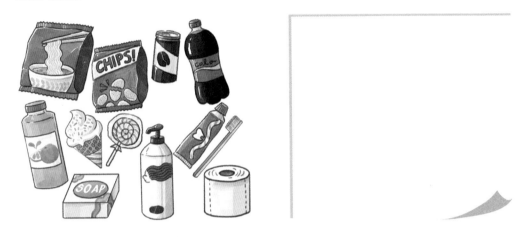

B 여러분은 점원이에요. 물건의 가격을 정하세요.
Imagine you are a clerk at a store. Determine the prices of items.

2) 손님과 점원이 되어 이야기하세요.
Play the roles of the clerk and customer with your partner.

써요

1 여러분은 가게에서 무엇을 사요? 얼마예요? 써 보세요.

What do you buy at the store? How much are they? Write about them.

1) 여러분은 가게에서 무엇을 자주 사요? 몇 개 사요? 메모하세요.

What do you often buy at the store? How many of them do you buy? Write them down.

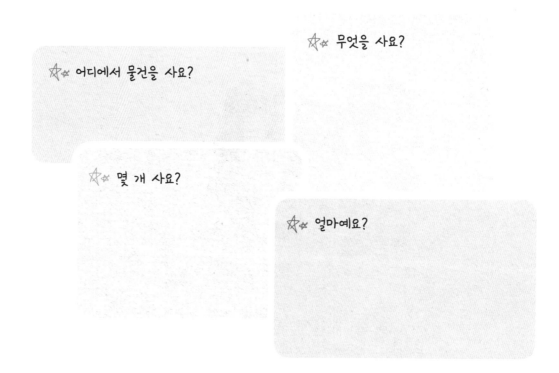

2) 메모한 내용을 바탕으로 글을 쓰세요.

Based on the keywords, write a passage.

_____

_____

_____

_____

_____

문화 한국의 돈 Korean money

- 여러분은 한국의 화폐로 어떤 것이 있는지 알아요?
  Do you know what coins and bills Korea uses?

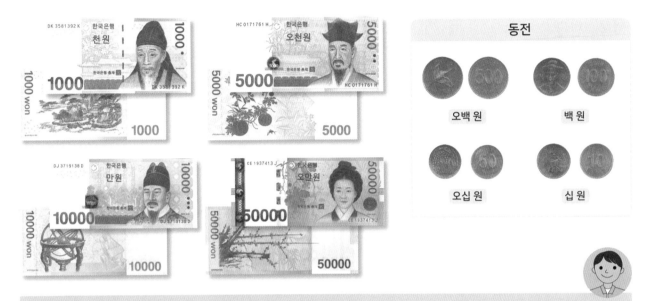

동전

오백 원   백 원

오십 원   십 원

The Korean currency is called the won, using the symbol ₩. Korea has coins and bills. Korean coins come in denominations of 10, 50, 100 and 500 won, and Korean bills come in denominations of 1,000, 5,000, 10,000, and 50,000 won.

- 한국 화폐에는 어떤 그림이 있을까요?
  What images are printed on Korean coins and bills?

Respected Korean figures and historic images are printed on the coins and bills.

- 여러분 나라의 화폐에는 무엇이 그려져 있어요?
  What images are printed on the bills in your country?

자기 평가
Self-Check

이번 과 공부는 어땠어요? 별점을 매겨 보세요!
How was this lesson? Please rate it.

물건을 살 수 있어요?

정답

0과 한글

04 1) ① 2) ② 3) ① 4) ①
5) ② 6) ② 7) ① 8) ①

06 1) ② 2) ③ 3) ② 4) ①
5) ②

07 1) 야 2) 보 3) 리 4) 휴
5) 누나 6) 아기

08 1) ① 2) ② 3) ① 4) ②
5) ①

09 가로수 – 수소 – 소나기 – 기자,
가르마 – 치마 – 치과 – 과자

12 1) ② 2) ① 3) ① 4) ①
5) ①

14 1) 꼬마 2) 조끼 3) 아빠 4) 짜리
5) 쓰레기 6) 머리띠

15 1) ② 2) ① 3) ② 4) ②
5) ①

17 1) 안 2) 달 3) 숲 4) 밥
5) 눈물 6) 수업 7) 감기 8) 딸기
9) 사랑 10) 우산

1과 인사

🎧 들어요

1) **타넷:** 태국 **빅토리아:** 영국
2) **타넷:** 학생 **빅토리아:** 회사원

📖 읽어요

1) **A** 이현수예요. **B** 노엘라 그린이에요.
2) **A** 한국 사람이에요. **B** 프랑스 사람이에요.
3) **A** 네, 학생이에요. **B** 아니요, 가수예요.

2과 일상생활 I

🎧 들어요

1) ② 2) ③

📖 읽어요

1) ②, ④, ⑤ 2) ③

3과 일상생활 II

🎧 들어요

1) ① 2) ① ◯ ② ✗

📖 읽어요

1) ③
2) 일이 많아요. 바빠요.
3) ①

4과 장소

🎧 들어요

1) **웨이**: 친구 집에 가요   **두엔**: 사무실에 가요.
2) ③

📖 읽어요

1) 카페에 가요.
2) ①, ③, ⑤, ⑥

5과 물건 사기

🎧 들어요

1) ②   2) ②

📖 읽어요

1) 치약, 칫솔, 휴지
2) 2,500원
3) 2개

듣기 지문

0과 한글

모음 1

01 ㅏ, ㅑ, ㅓ, ㅕ, ㅗ, ㅛ, ㅜ, ㅠ, ㅡ, ㅣ

02
1) ㅏ	2) ㅑ	3) ㅓ	4) ㅕ
5) ㅗ	6) ㅛ	7) ㅜ	8) ㅠ
9) ㅡ	10) ㅣ		

자음 1

03
1) ㄱ	2) ㄴ	3) ㄷ	4) ㄹ
5) ㅁ	6) ㅂ	7) ㅅ	8) ㅇ
9) ㅈ	10) ㅊ	11) ㅋ	12) ㅌ
13) ㅍ	14) ㅎ		

04
1) ㄱ	2) ㅂ	3) ㅅ	4) ㄴ
5) ㅎ	6) ㅓ	7) ㅗ	8) ㅡ

음절 1

05
1) 거	2) 어	3) 도	4) 러
5) 무	6) 보	7) 서	8) 우
9) 지	10) 추	11) 크	12) 트
13) 노	14) 표	15) 혀	

06
1) 다	2) 후	3) 러	4) 도
5) 피			

07
1) 야	2) 보	3) 리	4) 휴
5) 누나	6) 아기		

08
1) 하루	2) 비지	3) 서로	4) 코리아
5) 아유미			

09 가로수 – 수소 – 소나기 – 기자
가르마 – 치마 – 치과 – 과자

모음 2

10 ㅐ, ㅒ, ㅔ, ㅖ, ㅘ, ㅙ, ㅚ, ㅝ, ㅞ, ㅟ, ㅢ

11
1) ㅐ	2) ㅒ	3) ㅔ	4) ㅖ
5) ㅘ	6) ㅙ	7) ㅚ	8) ㅝ
9) ㅞ	10) ㅟ	11) ㅢ	

12
1) 놔	2) 기	3) 둬	4) 의
5) 돼			

자음 2

13
1) 까	2) 띠	3) 뿌	4) 싸
5) 짜	6) 꼬	7) 뚜	8) 뻐

14
1) 꼬마	2) 조끼	3) 아빠	4) 짜리
5) 쓰레기	6) 머리띠		

음절 2

15
1) 갈	2) 논	3) 박	4) 일
5) 숨			

16
1) 책	2) 안	3) 문	4) 곧
5) 길	6) 물	7) 밤	8) 선생님
9) 밥	10) 수업	11) 가방	12) 만나요
13) 얼음	14) 입어요		
15) 웃어요	16) 걸어와요		

17
1) 안	2) 달	3) 숲	4) 밥
5) 눈물	6) 수업	7) 감기	8) 딸기
9) 사랑	10) 우산		

1과 인사

011 생각해 봐요

지아 안녕하세요? 저는 김지아예요.
다니엘 안녕하세요? 저는 다니엘이에요.

(012) 한 번 더 연습해요

지아 　안녕하세요? 저는 김지아예요.

다니엘 　안녕하세요? 저는 다니엘이에요.

지아 　어느 나라 사람이에요?

다니엘 　저는 독일 사람이에요. 지아 씨, 학생이에요?

지아 　네, 학생이에요.

(013) 이제 해 봐요

남 　안녕하세요? 저는 타넷이에요.

여 　안녕하세요? 저는 빅토리아예요. 타넷 씨는 베트남 사람이에요?

남 　아니요, 저는 태국 사람이에요.

여 　저는 영국 사람이에요. 타넷 씨, 학생이에요?

남 　네, 학생이에요. 빅토리아 씨도 학생이에요?

여 　아니요, 저는 회사원이에요.

2 과 　일상생활 I

(021) 생각해 봐요

카밀라 　웨이 씨, 안녕하세요?

웨이 　안녕하세요, 카밀라 씨.

카밀라 　무엇을 해요?

웨이 　음악을 들어요.

(022) 한 번 더 연습해요

웨이 　지아 씨, 오늘 무엇을 해요?

지아 　친구를 만나요. 웨이 씨는 무엇을 해요?

웨이 　저는 운동을 해요.

(023) 이제 해 봐요

남 　카밀라 씨, 지금 무엇을 해요?

여 　음악을 들어요. 다니엘 씨는 커피를 마셔요?

남 　아니요, 저는 우유를 마셔요.

3 과 　일상생활 II

(031) 생각해 봐요

웨이 　두엔 씨, 무엇을 해요?

두엔 　한국어 공부를 해요.

웨이 　한국어 공부가 재미있어요?

두엔 　네, 재미있어요.

(032) 한 번 더 연습해요

카밀라 　웨이 씨, 지금 무엇을 해요?

웨이 　영화를 봐요.

카밀라 　영화가 어때요?

웨이 　재미있어요. 카밀라 씨는 오늘 무엇을 해요?

카밀라 　친구를 만나요.

(033) 이제 해 봐요

여 　웨이 씨, 오늘 무엇을 해요?

남 　한국 친구를 만나요. 친구하고 운동을 해요.

여 　웨이 씨는 한국 친구가 많아요?

남 　아니요, 적어요. 두엔 씨는 한국 친구가 많아요?

여 　네, 저는 한국 친구가 많아요.

4 과 　장소

(041) 생각해 봐요

하준 　카밀라 씨, 어디에 가요?

카밀라 　카페에 가요.

(042) 한 번 더 연습해요

하준 　카밀라 씨, 오늘 어디에 가요?

카밀라 　백화점에 가요.

하준 　거기에서 무엇을 해요?

카밀라 　안경을 사요. 하준 씨는 오늘 무엇을 해요?

하준 　저는 공항에 가요. 공항에서 친구를 만나요.

이제 해 봐요

여　웨이 씨, 집에 가요?

남　아니요, 친구 집에 가요.

여　거기에서 무엇을 해요?

남　친구하고 게임을 해요. 두엔 씨는 어디에 가요?

여　저는 사무실에 가요. 사무실에서 선생님을 만나요.

5과　물건 사기

🔊 생각해 봐요

웨이　우유가 있어요?

점원　네, 거기에 있어요.

🔊 한 번 더 연습해요

점원　어서 오세요. 무엇을 드릴까요?

지아　라면하고 콜라 있어요?

점원　네, 있어요.

지아　라면 두 개하고 콜라 한 개 주세요.

점원　여기 있어요.

지아　얼마예요?

점원　사천이백 원이에요.

🔊 이제 해 봐요

남　어서 오세요. 무엇을 드릴까요?

여　빵 있어요?

남　네, 있어요.

여　주스도 있어요?

남　네, 있어요.

여　빵 하나하고 주스 두 개 주세요.

남　네, 모두 삼천구백 원이에요.

발음

2과　연음 1

 1) 직업이 무엇이에요?

　　저는 회사원이에요.

2) 무엇을 해요?

　　음악을 들어요.

🔊 1) 독일 사람이에요.

2) 선생님이 가요.

3) 빵을 먹어요.

4) 공책을 줘요.

5) 이름이 무엇이에요?

6) 저는 이종국이에요.

3과　연음 2

🔊 1) 한국 친구가 있어요?

　　아니요, 없어요.

2) 무엇을 해요?

　　책을 읽어요.

🔊 1) 지우개가 없어요.

2) 텔레비전이 재미없어요.

3) 책을 읽으세요.

4) 여기 앉으세요.

5) 달이 밝아요.

6) 교실이 넓어요.

어휘 찾아보기 (단원별)

1과

• 나라

한국, 중국, 일본, 미국, 영국, 독일, 프랑스, 호주, 러시아, 태국, 베트남, 인도, 몽골, 사우디아라비아, 이집트, 브라질, 칠레

• 직업

학생, 선생님, 회사원, 의사, 운동선수, 가수

• 새 단어

친구

2과

• 동작

가요, 와요, 먹어요, 마셔요, 봐요, 만나요, 사요, 자요, 놀아요, 쉬어요, 읽어요, 들어요, 이야기해요/말해요, 써요, 공부해요, 일해요, 전화해요, 운동해요, 줘요

• 물건

책, 공책, 볼펜, 가방, 물, 우유, 커피, 빵, 과자, 텔레비전, 휴대폰/핸드폰, 옷, 우산

• 새 단어

영화, 음악, 오늘, 살다

3과

• 상태

크다, 작다, 많다, 적다, 재미있다, 재미없다, 맛있다, 맛없다, 좋다, 나쁘다, 싸다, 비싸다, 쉽다, 어렵다, 예쁘다, 멋있다, 바쁘다, 아프다, 있다, 없다

• 학교

교실, 사무실, 화장실, 칠판, 책상, 의자, 컴퓨터, 시계, 연필, 지우개, 필통, 안경, 지갑, 돈, 선생님, 학생, 친구

• 새 단어

정말, 우리, 지금

4과

• 장소

집, 학교, 도서관, 회사, 식당, 카페, 가게, 편의점, 시장, 백화점, 우체국, 은행, 병원, 약국, 영화관, 공원, 공항

• 새 단어

게임을 하다, 밥, 방, 알다, 좋아하다, 쇼핑하다

5과

• 가게 물건

물, 우유, 콜라, 주스, 커피, 빵, 라면, 김밥, 과자, 사탕, 초콜릿, 아이스크림, 치약, 칫솔, 비누, 샴푸, 휴지

• 고유어 수

하나, 둘, 셋, 넷, 다섯, 여섯, 일곱, 여덟, 아홉, 열
한 개, 두 개, 세 개, 네 개, 다섯 개, 여섯 개, 일곱 개, 여덟 개, 아홉 개, 열 개

• 한자어 수

일, 이, 삼, 사, 오, 육, 칠, 팔, 구, 십, 십일, 십이, 십삼, 십사, 십오, 십육, 십칠, 십팔, 십구, 이십, 삼십, 사십, 오십, 육십, 칠십, 팔십, 구십, 백, 이백, 삼백⋯ 칠백, 팔백, 구백, 천, 이천⋯ 팔천, 구천, 만, 이만, 삼만⋯ 팔만, 구만, 십만, 백만

• 새 단어

많이, 조금, 달걀/계란

어휘 찾아보기 (가나다순)

어휘 찾아보기 (가나다순)

문법 찾아보기

1과

저는 [명사]이에요/예요 ▼ 🔍

- 자신이 어떤 사람인지 말할 때 사용한다.
  It is used when introducing yourself.

명사	받침 ○	이에요	김지석이에요
	받침 ×	예요	이수지예요

가 어느 나라 사람이에요?
나 인도 사람이에요.

2과

을/를 ▼ 🔍

- 문장의 목적어임을 나타낸다.
  It is a particle that indicates the object of a sentence.

명사	받침 ○	을	휴대폰을
	받침 ×	를	커피를

가 무엇을 봐요?
나 티브이를 봐요.

-아요/어요/여요 ▼ 🔍

- '-아요/어요/여요'는 문장을 끝맺는 기능을 한다.
  아요/어요/여요 is an ending used in informal conversations .

동사 형용사	ㅏ, ㅗ ○	-아요	오다 → 와요
	ㅏ, ㅗ ×	-어요	쉬다 → 쉬어요
	하다	-여요	일하다 → 일해요

- 일상적이고 비격식적인 상황에서 사용한다.
  Match each word with the corresponding statement.

  가 오늘 무엇을 해요?
  나 카밀라 씨를 만나요.

3과

이/가 ▼ 🔍

- 문장의 주어임을 나타낸다.
  It is a particle that indicates the subject of a sentence.

명사	받침 ○	이	지갑이
	받침 ×	가	시계가

가 웨이 씨가 멋있어요?
나 네, 멋있어요.

한국어의 문장 구조 ▼ 🔍

- 한국어는 명사 뒤에 붙는 '이/가', '을/를'과 같은 조사와 동사, 형용사 뒤에 붙는 '-아요/어요/여요'와 같은 어미가 문장을 형성하는 기능을 한다.
  Particles 이/가, 을/를 attached to nouns and suffixes, -아요/어요/여요 attached to verbs, and adjectives function work to form a sentence in Korean.

- 한국어의 문장은 주어가 문장의 앞에, 서술어가 문장의 끝에 오는 주어-목적어-서술어의 순서로 구성된다.
  Korean sentences begin with a subject and end with a verb, consisting of a subject + object + verb structure.

  ① **명사+이/가** **형용사**
  주어 서술어

  가방이 작아요.
  친구가 많아요.

  ② **명사+이/가** **(자)동사**
  주어 서술어

  다니엘 씨가 자요.
  선생님이 쉬어요.

  ③ **명사+이/가** **명사+을/를** **(타)동사**
  주어 목적어 서술어

  다니엘 씨가 친구를 만나요.
  선생님이 책을 읽어요.

  가 화장실이 어때요?
  나 화장실이 좋아요.

  가 나쓰미 씨가 무엇을 사요?
  나 우산을 사요.

- '이/가'는 주격을 나타내는 조사이고, '을/를'은 목적격을 나타내는 조사이다.
  이/가 is a particle that indicates the subject of a sentence while 을/를 is a particle used to indicate the object of a sentence.

┌─────────────────────────────────┐
│ 한국어의 주격 조사 ▼ 🔍 │
└─────────────────────────────────┘

- 한국어의 주어 자리에는 '이/가' 또는 '은/는'이 온다.
  이/가 or 은/는 is attached to the subject or topic of a sentence in Korean.

- **이/가**

  ① '이/가'는 일반적인 평서문에서 사용한다.
    이/가 is used in a general declarative sentence.
    커피가 맛있어요.
    카밀라 씨가 물을 마셔요.

  ② '이/가'는 '어디', '무엇', '언제' 등의 의문사가 초점일 때 사용한다.
    이/가 follows question words, such as 어디, 무엇, 언제, when they are the emphasized word of the sentence.

    가 어디가 하준 씨 집이에요?
    나 저기가 하준 씨 집이에요.

    가 누가 지아 씨예요?
    나 제가 지아예요.

- **은/는**

  ① '은/는'은 상대방에 대해 물을 때나 자신에 대해 이야기할 때 사용한다.
    은/는 is used when you ask a question about the hearer or talk about yourself.

    지아 웨이 씨는 오늘 무엇을 해요?
    웨이 저는 오늘 친구를 만나요.

  ② '은/는'은 서술어가 '명사+이다'인 문장에서 사용한다.
    은/는 indicates the subject of a sentence where 'Noun +이다' forms the predicate.
    선생님은 한국 사람이에요.

  ③ 이야기의 주제나 화제가 되는 대상은 '은/는'을 사용한다.
    은/는 is a particle attached to the topic or subject of a sentence.

    지아 지금 한국에 살아요? 한국 생활은 어때요?
    웨이 한국 생활은 조금 힘들어요. 그렇지만 재미있어요.

  ④ 주어를 처음 이야기할 때는 '이/가'를 사용하지만 다시 이야기할 때는 '은/는'을 사용한다
    이/가 is used when the subject is first mentioned and 은/는 is used to express the already mentioned subject.
    다니엘 씨가 와요. 다니엘 씨는 독일 사람이에요.

  ⑤ 앞의 내용과 뒤의 내용이 대비될 때는 '은/는'을 사용한다.
    -은/는 is used to express comparison or contrast between the previous and subsequent subjects.
    김치찌개는 매워요. 된장찌개는 안 매워요.

  * ③~⑤의 '은/는'의 쓰임은 한국어 초급 후반 이후에 확인할 수 있다.
    Usages ③~⑤ of 은/는 are discussed in the latter half of the book.

에 가다

- 장소를 나타내는 명사에 붙어 목적지로의 이동을 나타낸다.

  It is a particle attached to location noun to indicate going to a destination.

명사	받침 ○	에 가다	편의점에 가요
	받침 ×		회사에 가요

- '가다'의 자리에는 '오다', '다니다'도 사용할 수 있다.

  오다 or 다니다 can be used instead of 가다.

- 일상 대화에서는 '에'가 생략되기도 한다.

  에 is often omitted in casual conversations.

  가 어디 가요?

  나 학교에 가요.

에서

- 장소를 나타내는 명사에 붙어 어떤 행위가 일어나는 곳임을 나타낸다.

  It is a particle attached to location noun to indicate a place or location where actions occur.

명사	받침 ○	에서	영화관에서
	받침 ×		가게에서

  가 어디에서 운동을 해요?

  나 공원에서 운동을 해요.

지시 표현[이, 그, 저]

- '이 책, 그 사람, 저 식당'과 같이 '이, 그, 저 + 명사'의 형태로 쓰여 사물이나 사람, 장소를 지시한다.

  이, 그, 저 are demonstrative adjectives used in front of the noun to indicate an object, person, or place, such as 이 책, 그 사람, 저 식당.

- '이'는 화자에게 가까운 경우, '그'는 청자에게 가까운 경우, '저'는 화자와 청자에게서 모두 먼 경우에 사용한다.

  이 is used when the object is closer to the speaker while 그 is used when it is closer to the listener from the view of the speaker and 저 is used when the object is far away from both the speaker and listener.

  가 그 과자 어때요?

  나 이 과자 정말 맛있어요.

- 물건은 '이것', '그것', '저것'으로, 장소는 '이곳', '그곳', '저곳', 또는 '여기', '거기', '저기'로 이야기한다.

  이것, 그것, 저것 are used to indicate an object and 이곳, 그곳, 저곳 or 여기, 거기, 저기 are used to indicate a place.

- 앞에서 이야기한 것을 다시 이야기할 때는 '그것', '그곳', '거기', '그 사람'으로 말한다.

  그것, 그곳, 거기, 그 사람 are used to express something or someone already mentioned.

  가 오늘 무엇을 해요?

  나 시장에 가요.

  가 거기에서 무엇을 사요?

  나 옷을 사요.

이/가 있다/없다

- 어떤 사물이나 사람, 일의 유무를 나타낸다.

  It indicates the existence or non-existence of a thing, person, or condition.

명사	이/가 있다/없다

  가 휴지가 있어요?

  나 아니요, 없어요.

고려대
한국어 **1A**

English Version

초판 발행	2019년 8월 12일
2판 발행 1쇄	2022년 6월 20일
지은이	고려대학교 한국어센터
펴낸곳	고려대학교출판문화원
	www.kupress.com
	kupress@korea.ac.kr
	02841 서울특별시 성북구 안암로 145
	Tel 02-3290-4230, 4232
	Fax 02-923-6311
유통	한글파크
	www.sisabooks.com / hangeul
	book_korean@sisadream.com
	03017 서울시 종로구 자하문로 300 시사빌딩
	Tel 1588-1582
	Fax 0502-989-9592
일러스트	최주석, 황주리
편집디자인	한글파크
찍은곳	(주)동화인쇄
ISBN	979-11-90205-00-9 (세트)
	979-11-90205-61-0 04710

값 17,000원